D1674974

SCHÄFFER
POESCHEL

Alex Buck

Design Management
in der Praxis

heidelberger druckmaschinen

rowenta

vaillant

volkswagen

wilkhahn

wöhner

2003
Schäffer-Poeschel Verlag

Bibliografische Information Der Deutschen Bibliothek
Die Deutsche Bibliothek verzeichnet diese Publikation in
der Deutschen Nationalbibliografie; detaillierte bibliografische
Daten sind im Internet über <http://dnb.ddb.de> abrufbar.

Gedruckt auf chlorfrei gebleichtem, säurefreiem und
alterungsbeständigem Papier

ISBN 3-7910-1745-4

www.schaeffer-poeschel.de
info@schaeffer-poeschel.de

Einbandgestaltung: Peter Schmidt Group, Hamburg
Satz: die Finalisten, Hamburg
Druck und Bindung: Stürtz AG, Würzburg

Printed in Germany

März/2003

Schäffer-Poeschel Verlag Stuttgart
Ein Tochterunternehmen der Verlagsgruppe Handelsblatt

Inhalt

Alex Buck: Einleitung sowie einige methodische Vorbemerkungen

Ein neues Kapitel in der Beziehung zwischen Waren/Dienstleistungen und dem Konsumenten zu schreiben, das ist es, was diese Publikation vorhat – und das mit Hilfe von Design!

Eine Behauptung, der man durchaus ein gewisses Maß an Hybris unterstellen könnte. Kaum ein Begriff erzeugt bei seiner Nennung so viele Vorstellungen, wie der des Designs. Was hat man dem Design – und vor allem den Designern – nicht schon alles zugetraut und unterstellt und für was alles haben sich Designer nicht schon zuständig gehalten. Von der «Gesamtkoordinationsinstanz zur Lösung der Probleme dieser Welt» in den Siebzigern (Bürdek, 2001) bis hin zur fröhlichen Mitwirkung beim «Designer-Design» (Albus, 2000) war keine Aufgabe zu groß und gleichzeitig auch nichts zu geschmacklos, um nicht in Angriff genommen zu werden.

Dennoch sind der Herausgeber, die Autoren der folgenden Beiträge und letztlich auch die Firmen, von deren Projekten berichtet wird, fest davon überzeugt, dass Design (bzw. die Prozesse, die um diesen Begriff herum initiiert werden) genau dies in der Lage ist zu realisieren.

Wie kann das vor sich gehen?

In Kurzform: Design aktiviert ein narratives Potenzial, in dem erstmals

- durch Neukombination bekannter Elemente Neues entsteht und gleichzeitig eine Form der Anschlussfähigkeit (Connectivity) an bestehende Geschichten und Konzepte erhalten wird;
- Altbekanntes in neue Kontexte gestellt wird und dadurch eine veränderte Rezeption erfährt;
- kategorisch Neues «erzählerisch aufbereitet» werden kann, so dass wiederum Anschlussfähigkeit zu gelernten Handlungen und Vorstellungen entsteht und so Konsumkonzepte überhaupt erst möglich werden.

Design verknüpft also unsere Vorstellungen, Werte und Vorlieben mit möglichst perfekt darauf zugeschnittenen (gestalteten) Angeboten. Design schafft damit für die Industrie letztendlich die Möglichkeit, Träume, Wünsche und vor allem emotionale Bedürfnisse in klingende Münze zu verwandeln.

Als interessant könnte an dieser Stelle festgehalten werden, dass das Genannte innerhalb der Disziplin kaum bekannt, selten gelehrt und insgesamt wenig akzeptiert ist. Das klassische Selbstverständnis der Designer heißt immer noch «Design ist eine von innen nach außen sich raumschaffende Tätigkeit, die die Welt mit individuell geprägten Hervorbringungen von Funktionalität und Schönheit konfrontiert».

Parallel dazu überholte die Industrie mit der Geschwindigkeit eines ICE die designinternen Debatten mit eigenen Erkenntnissen.

Die Phänomene von Connectivity – also Produkte und Dienstleistungen, die besser als andere in der Lage waren, Markterfolge zu generieren – waren ins Visier der «Benchmarker» und «Best-Practice-Sucher» gekommen. Vielleicht ist dies sogar der schmerzlichste Aspekt des Scheiterns der originären Designdiskurse, in denen nicht verstanden wurde, dass sich die eigene Disziplin unbemerkt von sich selbst weg in den aktuellen Fokus wirtschaftswissenschaftlicher/industrieller Aufmerksamkeiten befördert hatte.

Natürlich konnte es am Ende dieses Analyseprozesses nicht verborgen bleiben: Wo «konsistente Geschichten» erzählt wurden, waren auch besondere Markterfolge erzielbar.

Vor fünf Jahren hätte man als Beispiel dafür, was mit «konsistenten Geschichten» gemeint ist, den ewig gleichen Alessi-Case erzählt und damit bei wirklicher Industrie nur ein Achselzucken hervorgerufen.

Heute kann man jedoch z. B. die Automobilindustrie als Avantgarde der neuen Mythologie vom Erfolg betrachten. Sie gießt komplexe Unternehmenspersönlichkeiten in einfache, nachvollziehbare, sympathische Markenpersönlichkeiten, flankiert sie mit einprägsamen, innovativen und doch humanen Produktkonzepten, unterstützt durch Corporate-Design-Systeme, die an Perfektion kaum noch zu wünschen übrig lassen, und initiiert letztendlich Kommunikationsaktivitäten, die unterhalten und animieren. Das alles kann man eine neue Qualität der Marktbearbeitung nennen, die sich in jeder Facette originär designerischer Potenziale bedient, um den Erfolg zu bekommen, den sie hat. Komplexe Strukturen in Geschichten/Design zu übertragen und damit massenhaft Connectivity herzustellen – besser kann man es augenblicklich wohl nicht machen!

Zwischen dem «Anhübschen» irgendwelcher Nutzlosigkeiten aus dem Haushalts- und Wohnbereich, der Spielwiese des Designer-Designs, und obigen Prozessen liegen Welten – fatal ist nur, dass alles unter einem Begriff segelt.

Design sells – aber wie?

Nachdem sich die Designoption (mindestens) so disparat präsentiert, wie oben beschrieben, stellt sich nun die Frage, wie man ausgehend davon Erfolgsfaktoren extrahieren und zuverlässig und wiederholbar zur operativen Flankierung von Strategie einsetzen kann – und noch genereller, wie man Design an sich strategiefähig macht.

Die Situation ist jedoch nicht so aussichtslos, wie sie scheint. Die Möglichkeiten zur Strategieformulierung werden durch zwei Dinge erheblich erleichtert. Zum einen wurde im Rahmen des «Offenbacher Ansatzes», beginnend in den Siebzigern, die Wirkungsweise von Design strukturiert und in operationalisierbare Faktoren aufgegliedert. Dieses einzige in sich konsistente Modell zur Designtheorie wurde bis heute präzisiert und ausformuliert (vgl. Steffen, 2000).

Zum anderen wurde innerhalb des Design Managements seit Beginn der neunziger Jahre eine Verknüpfung obiger designtheoretischer Grundlagen mit aktuellen wirtschaftswissenschaftlichen Theorien und Modellen vorgenommen. Diese sollten von Anfang an nicht akademischer Diskurs sein, sondern im permanenten Dialog mit beraterischer Praxis stehen. Seit dieser Zeit haben der Autor dieses Vorworts und seine Kollegen in mehr als 500 Projekten für Mittelstand und Industrie marken- und designspezifische Strategieentwicklung modellhaft formuliert und in Projekte umgesetzt (und in verschiedenen Buchtiteln und Beiträgen darüber berichtet, vgl. u.a. Buck/Vogt, 1997 o. siehe Seite 147).

Die Verknüpfung von designorientierten Grundlagen mit wirtschaftswissenschaftlichen Modellen und deren sofortige Überprüfung in Projekten mit der Industrie ließen eine präzise Vorstellung entstehen, wie unternehmerischer Erfolg durch den Einsatz von gemanagten Designprozessen (Design Management) flankiert werden konnte.

Diese Umsetzungen waren allerdings erst kalkulierbar und nachvollziehbar, nachdem einige primäre Modelle bzw. Instrumente entwickelt waren, die designerische, «narrative» Potenziale mit unternehmensüblichen Überlegungen und Vorgehensweisen kombinierten. Drei dieser «primären» Werkzeuge sollen kurz benannt und vorgestellt werden. In den nachfolgenden Cases wird sie der Leser modifiziert und den jeweiligen Situationen angepasst wiederfinden.

Diese drei primären Werkzeuge nennen wir:
- marken- und designspezifisches Positionierungsmodell,
- marken- und designspezifisches Unternehmensleitbild,
- Design-Trend-Monitoring.

1. Marken- und designspezifisches Positionierungsmodell

Marke und Design sind vieldimensionale Gebilde, deren Positionierung für sich genommen in unterschiedlichen Ebenen und Modellen denkbar ist.

Aus absatzpolitischer Sicht interessiert uns aber an dieser Stelle gerade die Verbindung beider zu einer stimmigen Geschichte, die darüber hinaus auf eine Zielgruppe ausgerichtet sein muss.

Um dieses Gesamtbild im Rahmen der Strategie zu entwerfen, ist ein Positionierungsmodell erforderlich, das Marken, Design und Zielgruppen in den gleichen Dimensionen abbilden kann und außerdem eine hohe Erklärungskraft besitzt.

Wie kann ein solches Gesamtbild auf die üblichen zwei Dimensionen eines Positionierungsraums reduziert werden?

Suchen wir zunächst nach der gemeinsamen Klammer von Marke, Design und Zielgruppe. Das Gemeinsame der Geschichte (Marke und Design) und ihrer Adressaten (Zielgruppe) ist der kulturelle Kontext, in den sie eingebettet sind. Betrachten wir die Kultur als Folie für das gesuchte Gesamtbild, stellt sich die Frage, wie ein Modell der Kultur in zwei Dimensionen mit hinreichender Erklärungskraft für die absatzpolitische Strategiefindung beschaffen sein kann.

Eine Antwort finden wir in der Kultursoziologie, insbesondere im Milieu-Modell von Gerhard Schulze (Schulze, 1995). In Adaption auf unsere Problemstellung können wir Kultur in den zwei Dimensionen «Kulturschema» und «Werteschema» abbilden.

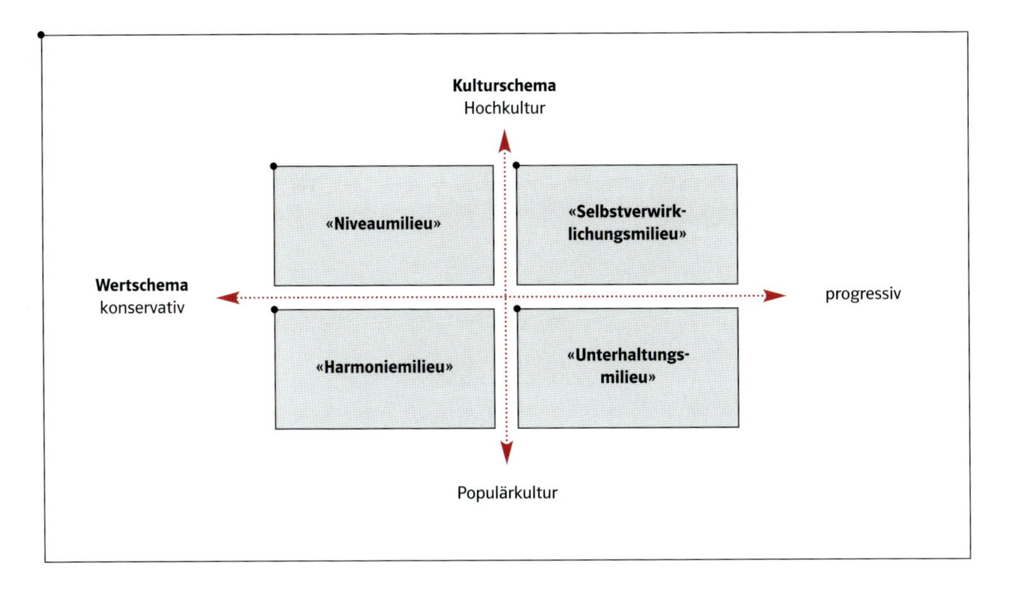

Milieu-Modell von Gerhard Schulze, übertragen in ein 4-Feld Portfolio nach Peter Schmidt Group

Obige Abbildung zeigt das Modell mit den Achsen «Hochkulturschema-Populärkulturschema» und «konservatives Werteschema-progressives Werteschema». Die vier antagonistischen Milieus von Schulze entsprechen hierbei den Eckpositionen und sind dementsprechend bezeichnet (Niveau-, Harmonie-, Unterhaltungs-, Selbstverwirklichungsmilieu). Das Interessante an diesem Modell ist die Verbindung von Milieus und Alltagsästhetik. Die Alltagsästhetik der genannten vier Milieus ist in idealtypischer Weise von uns am Beispiel von Personen in der unteren Abbildung visualisiert worden.

Da die Achsen des Positionierungsraums viele Abstufungen erlauben, sind alle denkbaren Mischtypen, das heißt, das gesamte Spektrum der Kultur, in dem Modell enthalten. Das fünfte Milieu von Schulze (Integrationsmilieu) stellt beispielsweise einen Mischtypus dar, der in der Mitte des Positionierungsraums liegt. Aufgrund der von Schulze selbst vorgenommenen Gegenüberstellung seiner Milieus mit den Sinus-Milieus ist eine Projektion auch der Sinus-Milieus in das Positionierungsmodell möglich. Wir verwenden das Modell jedoch nicht als quantitatives, sondern als qualitatives Modell. Das heißt, uns genügt ein Verständnis der Unterschiede für die Strategieformulierung, ohne deren genaue prozentuale Verteilung zu kennen. Aufgrund der Korrelation des Kulturschemas mit der Bildung und dem sozio-ökonomischen Status und des Werteschemas mit dem Alter sind vielfältige weitere Eigenschaften im Positionierungsraum verortbar.

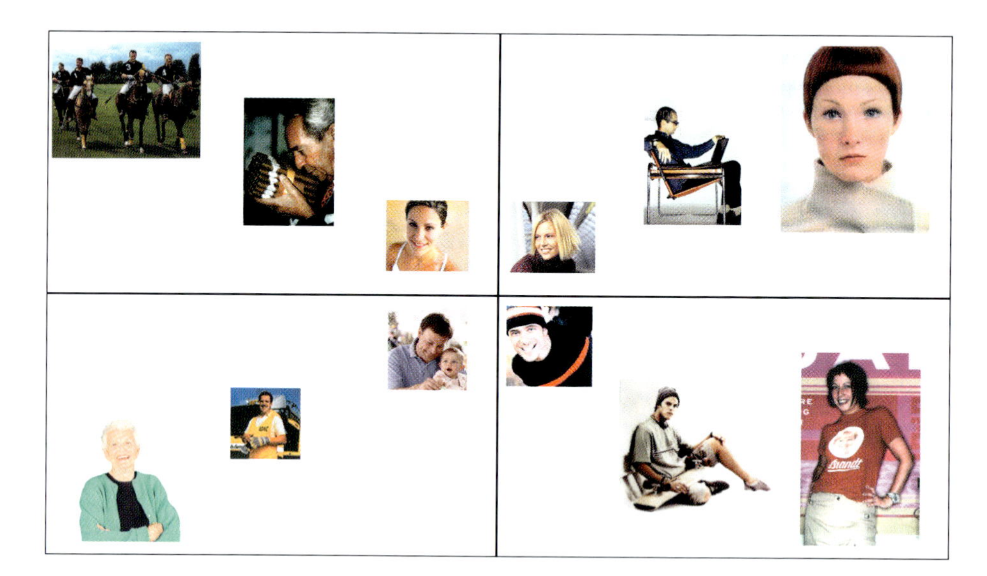

Prototypische Illustration wie sich alltagsästhetische Stereotypen im Milieu-Modell positionieren

Wir haben somit ein Positionierungsmodell, in dem sich auf semantischer Ebene Identitätsmuster, Ästhetiken und soziale Gruppen verbinden. Auf diese Weise lassen sich Marken, Design und Zielgruppen gleichermaßen abbilden und aufeinander beziehen.

Hat man das Positionierungsmodell für einen bestimmten Markt, beispielsweise über Markenaffinitäten, Produktpräferenzen und Kaufmotive skaliert und dann die Marken, das Marktangebot und die Käufertypen hierin verortet, ergibt sich ein Gesamtbild hoher Erklärungskraft. Ausgehend von einer solchen Ist-Positionierung im Wettbewerbsumfeld können unmittelbar im Modell Positionierungsstrategien abgeleitet und in ihren Konsequenzen verglichen werden.

2. Marken- und designspezifisches Unternehmensleitbild

Eine solche Positionierung bekommt durch das visuelle Element eine bisher kaum erreichte Anschaulichkeit. Diese Anschaulichkeit prädestiniert sie dafür, weitaus mehr als nur Strategiewerkzeug zu sein.

Sie kann kommuniziert werden als «Leitbild». Doch die üblichen deskriptiven Leitbilder sind normalerweise schlechte Kompromisse, mühsames Ringen um Worte und Begriffe, Politik pur und gleichzeitig Idealisierung bis ins Operettenhafte. Jedes Unternehmen ist innovativ, kooperativ, erfolgreich, fürsorglich etc. So macht man zwar seine Hausaufgaben, aber so entstehen keine Leitbilder. Visuelle Leitbilder, abgeleitet aus der abgesegneten Positionierung, entlarven Worthülsen und spannen gleichzeitig den tatsächlichen Handlungsraum der Unternehmung auf.

Visuelle Markenleitbilder, meist bestehend aus mindestens 9 und bis zu etwa 25 Bildmotiven, sind Konsens stiftend, da an und mit ihnen gearbeitet werden kann. Visuelle Markenleitbilder eliminieren sprachliche Missinterpretationen oder Unschärfen (innovativ: wie ein Siliziumchip oder ein Modeaccessoire oder ein Hightechfahrrad oder Fusion Food oder ...) und erzeugen letztendlich eine präzise Vorstellung von Psyche und Physis des Unternehmens. Auch Spannungen und Polaritäten, sprachlich kaum positiv in den Griff zu bekommen, können so aktiver und wertvoller Bestandteil des Leitbildes werden.

Entwurf Markenleitbild SMART

Aus dem formulierten, visuell deskriptiven Markenleitbild leiten sich nun kaskadenförmig weitere, jetzt logische Entscheidungen ab.

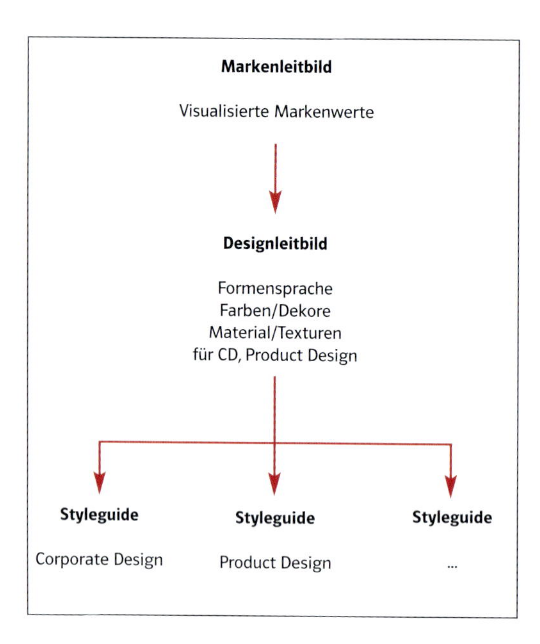

Modelhafte Ableitung von der abstrakten Fixierung eines Leitbildes, bis hin zu operativen Vorgaben für den Alltag

Aus dem Markenleitbild entsteht in erster Ableitung ein Corporate-Design-Leitbild, das alle gestalterisch operationalisierbaren Elemente auf einer Metaebene integriert: Tonalität, Haptik, Farbwelten und Material, der «Look and Feel» eines Unternehmens. Die Designsprache (die Art und Tonalität der «Geschichte») wird auf dieser Ebene fixiert.

Danach folgen Konkretisierungen für spezifische Anwendungen in Form von Styleguides, die aus dem Corporate-Design-Leitbild heraus präzise Festlegungen bezüglich von do's and don'ts in den jeweiligen Anwendungen formulieren, beispielsweise für den Umgang mit Farben, Typografie und Messeauftritten.

Entscheidend ist: Jede gestalterische Entscheidung wird damit strategiekonform, alle Aktivitäten «zahlen» auf das Markenkonto ein.

So logisch dieses Vorgehen scheint, die Realität ist völlig anders, das mag der Leser in seiner eigenen unternehmerischen Tätigkeit gerne überprüfen.

3. Design-Trend-Monitoring

Alles das wäre aber noch nicht ausreichend, um Design strategiefähig zu machen, die Zeit- bzw. Aktualitätsperspektive fehlt noch.

Design hat mit dem zunehmenden Wettbewerb auf den Märkten unzweifelhaft an Bedeutung gewonnen – gleichzeitig ist es damit aber auch einer höheren Dynamik und einem höheren Verschleiß unterworfen. Dies birgt Risiken und eröffnet Chancen gleichermaßen. Der beschleunigte Wandel belohnt heute diejenigen Marken, denen es gelingt, die Zukunft des Markts frühzeitig zu erkennen und aktiv mit zu prägen.

Nun kann niemand die Zukunft vorhersehen. Dennoch ist es möglich, einen gestalterischen Entwicklungskorridor für einen spezifischen Markt mit einer hohen Wahrscheinlichkeit für die nächsten zwei bis fünf Jahre (je nach Markt) aus einer Analyse seiner maßgeblichen Einflussgrößen abzuleiten und zu begründen. Dies geschieht im Design-Trend-Monitoring mit einer standardisierten Methode (Buck et al, 1998).

Ein Produkttrend stellt in diesem Modell stets die Verbindung von drei Wirkebenen dar. Hierbei wird die Ebene des Designs (Ästhetische Faktoren) als symbolische Ausdrucksform einer subjektiven Befindlichkeit (Subjektive Faktoren) aufgefasst, die wiederum in einem permanenten Wechselverhältnis mit Veränderungen in den gesellschaftlichen Rahmenbedingungen (Objektive Faktoren) steht.

Erweiterung und Verengung des Beobachtungsfokus im Design-Trend-Monitoring, endend mit einer (Produkt) Design-Trend-Empfehlung

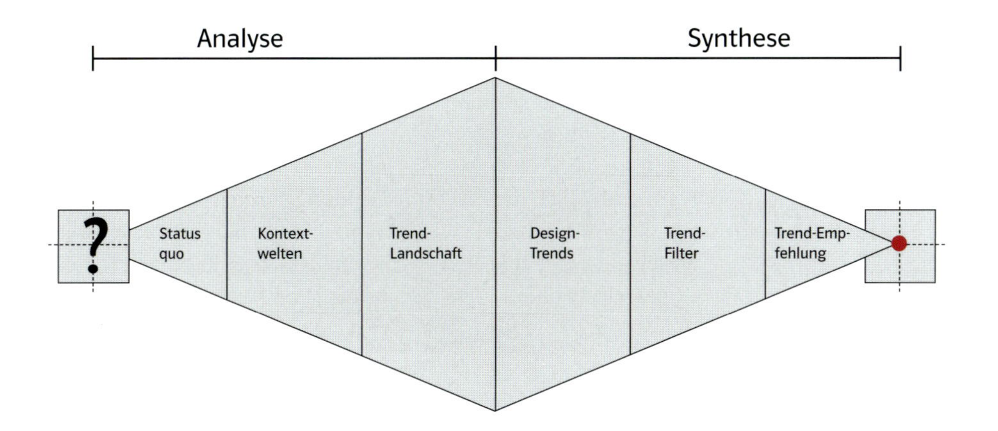

Dieses Trendverständnis eröffnet eine systematische Vorgehensweise in der Analyse, Prognose und abschließenden Bewertung von Trends. Die Methode setzt bei der Status-quo-Analyse des Marktes an, öffnet danach ihren Blickwinkel auf die Umfelder der hierbei identifizierten Einflussfaktoren und ergänzt diese zuletzt um die aus der Literatur bekannten allgemeinen Trends. Auf Basis dieses Materials werden in einer Synthese Trendszenarios entwickelt und anhand ihrer Tauglichkeit a) im Allgemeinen (context fit), b) für den untersuchten Markt (market fit) und c) für die Marke (brand fit) bewertet. In einem letzten Schritt werden die treffendsten Produkttrends in Form eines Designbriefings ausführlich beschrieben und visualisiert. Das Design-Trend-Monitoring liefert dem Entscheider somit einen Gestaltungsrahmen für ein zukunftsfähiges, markengerechtes Produktdesign.

«Design sells», diese Headline zeigt sich nun in einem neuen Licht. So wie oben verstanden und durchgeführt, wird Arbeit mit Design zu einer neuen strategischen Option. Begründbar, nachvollziehbar und operationalisierbar kann man mit den angesprochenen Potenzialen arbeiten und hat die Risiken im Griff.

Design visualisiert – alles!

Im ersten Abschnitt dieser Einführung ist die Rede von der neuen «Mythologie des Erfolgs». Die Grundlage dafür ist, dass der Übergang von einer postfunktionalistischen Welt in eine semantisch dominierte Welt nun endlich auch aus industrieller Sichtweise heraus vollzogen ist. Der Bedürfnis-Begriff hat heute kaum noch praktische Determinanten, alles funktioniert in dieser Welt, Differenz ist darüber nicht mehr beschreibbar.

Aber ohne Differenz keine Marke und so geht es darum, das Differenzbedürfnis der Marktteilnehmer, der Kunden zu verstehen und zu bedienen. Dieses Differenzbedürfnis hat keine (oder kaum noch) funktionalen Hintergründe, sondern funktioniert insgesamt zeichengestützt.

Status, Habitus, Distinktion, Weltanschauung, überhaupt alles aus dem sich Persönlichkeit konfiguriert, lässt sich zeichenhaft umsetzen. Zeichenhafte bzw. dingliche Repräsentanten von alledem sind sowohl die Akteure als auch die Kontexte in den obenstehenden, so oft genannten «Geschichten».

Sich in bestimmte Geschichten einfügen zu können, offensichtlich Connectivity zu haben, Teilhabe zu erwerben an bestimmten Formen von Status, Distinktion etc. bildet den Marktplatz, auf dem heute Waren und Dienstleistungen angeboten werden.

Nun könnte man der Meinung sein, dies wären nur relevante Phänomene für Lifestyle-Konzerne wie LVHM, Gucci oder eventuell noch für die Automobilindustrie. Aber Dienstleister oder Investitionsgüterhersteller? An dieser Stelle sei nur so viel gesagt, dass heute auch die eben genannten Industrien sich mitten im Kontext obiger Bedürfnisse bzw. daraus entstehender Rahmenbedingungen befinden. Die nachfolgenden Beispiele werden die Behauptung in einzelnen Praxis-Beiträgen belegen.

Um den komplexen Anforderungsprofilen gerecht zu werden, steht die Industrie vor gewaltigen Herausforderungen. Marktstrukturen zu antizipieren, also Persönlichkeitsmodelle so weit (und so intelligent) zu clustern, dass daraus industriell bedienbare Volumen entstehen und deren Absatz kongenial zur Definition durch «Geschichten» so hoher Qualität wie verlangt zu flankieren, bedingt ein hohes Maß an Verständnis für die Prozesse und an Kreativität in der Umsetzung.

Definitionen und Umsetzungen in hoher Qualität, die innerhalb unserer Praxis in den letzten Jahren entstanden (und von denen wir berichten dürfen), bilden den eigentlichen Inhalt dieses Buches. Jeweils erzählt von einem Autorenduo aus Kunde und Berater, um die Authentizität des Beitrags zu steigern und um zu verhindern, dass eine der beiden Perspektiven, die natürlicherweise nicht immer deckungsgleich sind, übergewichtig wird.

Insgesamt können wir nach mittlerweile fast zehn Jahren der Auseinandersetzung mit diesen Inhalten feststellen, einerseits dem Kern einer «neuen Mythologie vom Erfolg» endlich nahe zu sein und andererseits klassische, designerische Kompetenzen in diesem Kern nutzbringend einsetzen zu können. Viel Vergnügen und Anregung bei den folgenden Cases.

Literatur

Albus, V. (2000): Designerdesign, in: Design Report Nr. 8/2000, 50-51

Buck, A., Vogt, M. (Hrsg.) (1997): Design Management, Frankfurt Main

Buck, A., Herrmann, C., Lubkowitz, D. (1998): Trend Management, Frankfurt Main

Bürdek, B. (2001): Design: von der Formgebung zur Sinngebung, in: Werbung, Mode und Design, Wiesbaden, 186

Schulze, G. 1995: Die Erlebnisgesellschaft – Kultursoziologie der Gegenwart, 5. Auflage, Frankfurt Main und New York

Steffen, D. (2000): Design als Produktsprache, Frankfurt Main

Projekt AXIS – Grundlagen und Strategie des Corporate Industrial Design der Heidelberger Druckmaschinen AG

Inhalt

Vita

Dipl. Ing. (FH) Gerd Raasch, Jahrgang 1942, studierte allg. Maschinenbau an der Fachhochschule Mannheim. Seit 1964 tätig bei der Heidelberger Druckmaschinen AG im Bereich Forschung sowie in leitenden Positionen in der Entwicklung von Rollen- und Bogendruckmaschinen. Seit 1997 verantwortlich für Industriedesign, Produktsicherheit und Umwelt.

Dipl. Des. Yasmina Ladhari, Jahrgang 1971, studierte Industrial Design an der Hochschule der Künste Berlin. Anschließend war sie als Designerin bei Syzygy Product Design Consultants, Kapstadt, und als Mitglied des Advisory Committee des Cape Technikon – School of Design tätig. Ab 1999 strategische Design- und Markenplanung bei d...c brand + design consultants, später bei der design.net AG/Peter Schmidt Group als Senior Beraterin mit dem Schwerpunkt Investitions- und Konsumgüter.

Unternehmensexpansion und Neuausrichtung der Heidelberger Druckmaschinen AG

Die grafische Industrie ist von einer ständigen technologischen Weiterentwicklung geprägt. Wie vor einigen Jahrzehnten der Fotosatz die Branche revolutionierte, so sind es heute die Digitaltechnik und die neuen Medien. Der Erfolg der Heidelberger Druckmaschinen AG ist darin begründet, dass das Unternehmen Veränderungen des Marktes vorausschauend erkennt und entsprechend investiert.

Es ist eine der Maximen der Heidelberger Druckmaschinen AG, den Wandel in der grafischen Industrie führend mitzuprägen. Um dies zu leisten, hat Heidelberg in den vergangenen Jahren durch Unternehmenszukäufe sein Produktportfolio von der Druckvorstufe bis zur Weiterverarbeitung ausgebaut. Das Unternehmen wurde dahingehend ausgerichtet, dem Kunden keine einzelnen Produkte, sondern ganzheitliche Lösungen für seine Aufgabenstellung anzubieten. Diese strategische Ausrichtung an den Bedürfnissen des Kunden wird seither kontinuierlich verfolgt.

Mit dem Zukauf verschiedener Unternehmen in den USA, den Niederlanden, Frankreich und England seit dem Jahr 1988 entstand eine heterogene Marken- und Produktkultur unter dem Dach der Heidelberg-Gruppe. Die Erweiterung um zahlreiche internationale Standorte beinhaltete nicht nur eine Verbindung unterschiedlicher Unternehmen von unterschiedlicher Herkunft, Größe und Vertriebsstruktur, sondern auch die Integration unterschiedlicher Kulturen.

Und nicht zuletzt brachten diese heterogenen Einzelkulturen auch ihre jeweils unterschiedlichen Produktportfolios in die Heidelberg-Gruppe ein. Zwar wurde das Produktsortiment im Zuge der Entwicklung organisatorisch in so genannten «Solutions» strukturiert, auf visueller Ebene jedoch war keine Zugehörigkeit zu einem gemeinsamen «Nenner» erkennbar.

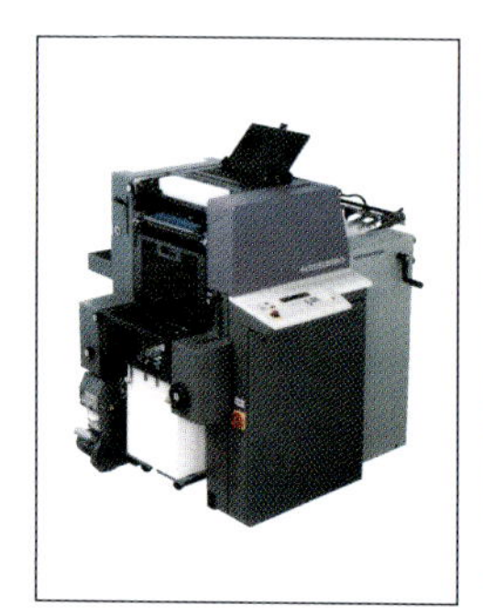

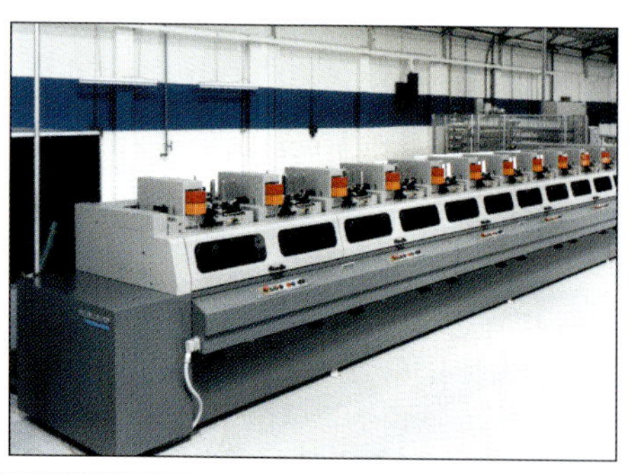

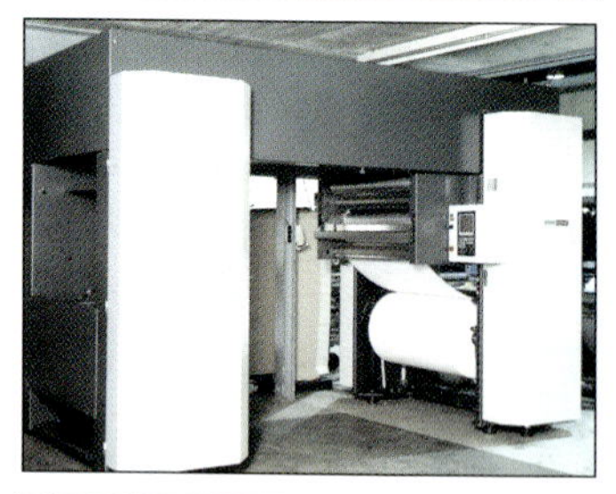

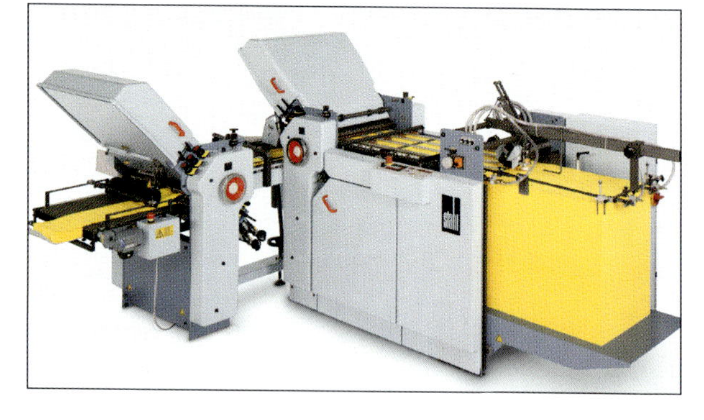

Der Status quo 1996: Die heterogenen Markenwelten der Firmen unter dem Dach der Heidelberger Druckmaschinen AG

Die Aufgabe

Es wurde also deutlich, dass die Unternehmensexpansion und die Neuausrichtung des Unternehmens neben unternehmensstrategischen und -organisatorischen Aufgaben auch die Revision und Anpassung auf Produktdesignebene erfordern. Dies war der Startschuss, um ein gruppenweit einheitliches Produktdesign – das Heidelberg Corporate Industrial Design – weiter voranzutreiben und mit Hilfe eines globalen Designnetzwerks an allen Entwicklungsstandorten zu implementieren.

Vor diesem Hintergrund genügte es der Unternehmensführung der Heidelberger Druckmaschinen AG nicht, das erweiterte Produktportfolio einzig mit einer einheitlichen Produktfarbe zu versehen oder einer neuen Nomenklatur anzupassen. Man setzte es sich zum Ziel, eine markeneigene Produktsprache für alle Produktbereiche zu definieren, die die neue Ausrichtung und den damit einhergehenden neuen Markencharakter Heidelbergs über die Produkterscheinung transportiert und die Markenzugehörigkeit aller Produkte über die gesamte Angebotsspanne der Gruppe kommuniziert.

Der Prozess des Projekts AXIS

Phase 1	Dez 96 - Mär 97	Analyse und Konzeption der Heidelberg-Gestaltungsgrundsätze
	Apr - Mai 97	Beginn der Konzeption der Corporate-Colour- und Corporate-Wording-Strategie
Phase 2	Mai 97	Recherche und Vorauswahl der Designpartner
	Mai - Sep 97	Entwicklung des Systems für kontinuierliches Markt- und Trendmonitoring
	Jun 97	Definition der Leitprodukte
	Jun 97	Aufbau der Koordinationsstruktur
	Jul - Aug 97	Auswahl und Briefing der externen Designpartner
Phase 3	Sep 97	Start des Produktdesignprozesses; Präsentation erster Designkonzepte
	Okt - Dez 97	Übertragung der entwickelten Designarchitektur und -merkmale auf acht Leitprodukte
Phase 4	Jan 98 - Okt 99	Entwicklung und Implementierung des neuen gruppeneinheitlichen Produktdesigns
Phase 5	Feb 00 - Mai 00	Marktmonitoring und Trendexploration im Vorfeld und auf der drupa 2000
	Mai 00	Messeauftritt zur drupa 2000 im neuen Corporate Industrial Design

Das hochgesteckte Ziel dieser im Dezember 1996 gefällten Entscheidung bestand darin, zur drupa 2000, der wichtigsten Messe in der grafischen Industrie, alle Heidelberg-Produkte über die verschiedenen Unternehmenssparten hinweg im neuen Design zu präsentieren. Als Konsequenz dessen beschloss die Heidelberger Druckmaschinen AG im Dezember 1996, die design.net AG – das Beratungsunternehmen für Desing und Markenstrategie – zu beauftragen, die Grundlagen für die Richtlinien eines gruppeneinheitlichen Corporate Industrial Design für alle Produkte der Heidelberg-Gruppe zu erarbeiten. In gemeinsamer Arbeit wurden die Ausgangssituation analysiert und die Aufgaben und Ziele des Projekts definiert. Das Projekt AXIS war aus der Taufe gehoben.

Das Projekt AXIS – Strategische Designplanung

Eine wichtige Grundlage zur Erfüllung der Ziele ist die strategische Designplanung. Hier wird nicht nur ein einzelnes Produkt betrachtet, sondern eine ganze Reihe von Faktoren, in deren Kontext sich das Produkt behaupten muss: angefangen beim Produktportfolio, über die Unternehmensmarke und deren Markenwerte, Zielgruppen und deren Wertehaltungen, bis hin zu grundsätzlichen Entwicklungen in den Arbeitsumfeldern. Auch der Blick auf den Messeauftritt der Wettbewerber und deren Produktgestaltung ist ein sinnvoller Baustein und liefert aufschlussreiche Informationen.

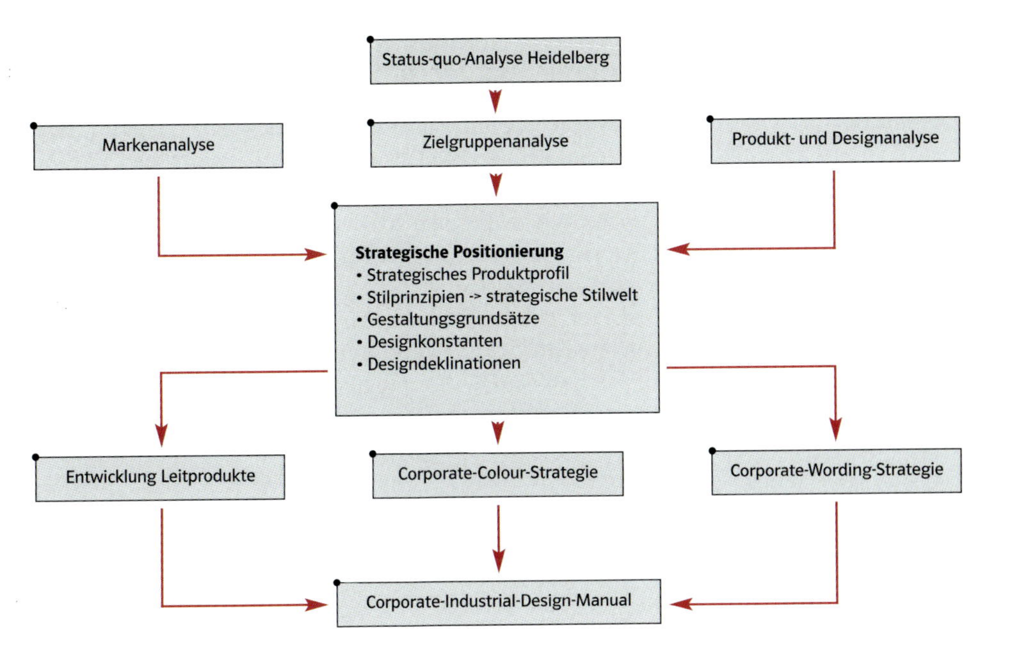

Bausteine der strategischen Vorgehensweise

Nur so kann eine solide Basis im Produktbereich entwickelt werden, die eine zielgerichtete und langfristig gültige Positionierung des Unternehmens ermöglicht. Und nur so kann das Produktdesign neben den rein ästhetischen Vorteilen eines Produkts auch technische und ergonomische Qualitäten, ökologische Aspekte, kulturelle und soziale Beziehungen sowie Preis und Wert kommunizieren.

Die strategische Designplanung bietet ein Mittel, um die Positionierung und Strategie des Unternehmens über das Produktdesign zielgerecht zu steuern, um das im Markt angestrebte Markenimage zu unterstützen.

Bei Heidelberg hieß es also, zunächst in einer dreimonatigen Basisuntersuchung eben diese relevanten Faktoren für die Erarbeitung einer zielgerichteten Corporate-Industrial-Design-Strategie zu erheben.

Neben einer grundlegenden Bestandsaufnahme sämtlicher Produkte und der Erhebung der Kundenbedürfnisse, bildete eine intensive Auseinandersetzung sowohl mit dem Markenkern Heidelbergs als auch mit den Markenwelten der Tochterunternehmen die wichtigste Grundlage für das weitere Vorgehen.

Der Umbruch in der grafischen Industrie

Die Druckbranche und somit das Handlungsfeld der Heidelberger Druckmaschinen AG ist von den in der grafischen Industrie vorherrschenden Rahmenbedingungen geprägt. Die Entwicklungen in diesem Bereich gehen in Richtung immer höherer Qualität bei gleichzeitiger Senkung der Kosten. Dies wird einerseits durch evolutionäre technische Entwicklungen vorangetrieben und andererseits durch eine Vielzahl von revolutionären Veränderungen in der Branche forciert.

Vorreiter dieser Veränderungen war die Druckvorstufe. Die Einführung des Fotosatzes veränderte die klassischen Berufsbilder der Setzer, Reprographen und Lithographen. Diese traditionellen Berufe und mit ihnen auch viele alteingesessene Unternehmen fielen der rasanten Entwicklung zum Opfer.

Zugleich öffnete sich der «relevante Markt» zunehmend für ursprünglich branchenfremde Anbieter. Quereinsteiger ersetzten dieses über Jahrzehnte angesammelte Wissen aber nur lückenhaft, da ihnen die Ausbildung für die Feinheit der Ausführung und das in der grafischen Branche etablierte ästhetische Empfinden oftmals fehlte.

Für Mittel- und Kleinbetriebe wurde das neue Maß an Flexibilität und Individualisierung der Dienstleistung nicht selten existenzentscheidend. Damit fand auch für viele Druckereibetriebe eine Öffnung in den Bereich der Vorstufe und der angrenzenden neuen Medien statt.

Mit der Einführung des Fotosatzes war der Schritt zur Digitaltechnik vollzogen. Zukunftsorientierte Unternehmen der grafischen Industrie waren herausgefordert, diesen Schritt mitzugehen, das neue Territorium zu gestalten, die Chancen dieser Gestaltung zu erkennen und für sich zu nutzen. Das Berufsbild des Druckvorlagenherstellers hat sich mittlerweile zu dem des Mediengestalters entwickelt, der digitale Daten aufbereitet, zusammenführt und entsprechend der unterschiedlichen Anforderungen der Medien zur Verfügung stellt.

Auch haben die Unternehmen die einzelnen Arbeitsschritte gebündelt und bieten nun die gesamte Prozesskette aus einer Hand an, d.h. Druckvorstufe, Druck, Weiterverarbeitung oder mit den Worten von Heidelberg: Prepress, Press, Postpress und in deren Verknüpfung die «Solutions».

Die digitale Welt erscheint trivial, schnell und überall verfügbar. Sie ist jedoch hoch komplex und fordert absolute Professionalität. Um dies zu leisten, müssen die Marktteilnehmer die wachsenden Herausforderungen in der grafischen Industrie auch weiterhin annehmen. Mit dem Innovationsdruck auf die Prozesskette geht die Forderung nach Verfügbarkeit, Belastbarkeit und Geschwindigkeit und verstärkt auch nach Modularität und Serviceorientierung einher. Die Produktlebenszyklen verkürzen sich zunehmend und sind außerdem einem ständigen Wandel unterworfen. Zudem verändern sich auch die ökonomischen Rahmenbedingungen: Just-in-time-Production und Prozesszertifizierung sind nur einige Stichworte zur Charakterisierung dieser neuen Anforderungen.

Eine weitere Herausforderung an Druckbetriebe – und damit auch an Druckmaschinenhersteller – stellt die zunehmend stärkere Integration von Druckereibetrieben in den Leistungserstellungsprozess der Druckereikunden dar. Gerade in der Absicht einer langfristigen Zusammenarbeit verschaffen sich Großkunden immer häufiger mit eigenen Augen einen Eindruck von den Druckereibetrieben. Bei dieser Bewertung werden an Druckereien gleichermaßen ästhetische Ansprüche wie an Publishing- oder Multimediabetriebe gestellt. Vermehrt wünschen vor allem Druckereikunden, die stärker für ästhetische Fragen sensibilisiert sind, wie z. B. Werbeagenturen oder Konsumgüterhersteller, dass ihre Produkte auf hochwertigen und optisch gut gestalteten Maschinen gedruckt werden. Die Auftraggeber werden somit ebenfalls zu einem wichtigen und kritischen Betrachter der Produkterscheinung.

Ein Branchenführer muss bereit sein, diese Herausforderungen anzunehmen und mit Weitblick zu steuern.

Vor dem Hintergrund all dieser Turbulenzen und Dynamiken in der grafischen Industrie bot sich für Heidelberg umso mehr die Chance, aus der Tradition des Druckmaschinenherstellers und Technologieführers heraus über das Corporate Industrial Design eine zukunftsweisende und eigenständige Ästhetik zu entwickeln, um damit die Märkte nachhaltig zu prägen.

Zielgruppengerechtes Design

Eine eigenständige Produktästhetik kann nicht losgelöst von den jeweiligen Erwartungen der Käufer und Anwender entwickelt werden. Deshalb impliziert eine zukunftsweisende Ästhetik auch immer eine zielgruppengerechte Ästhetik. Man muss die potenziellen Abnehmer, d.h. die Entscheider und Anwender, genau kennen, um dem obersten Grundsatz nach Kundenorientierung gerecht zu werden. Wenn diese Zielgruppen die Angebote akzeptieren sollen, muss ein Angebot bereitgestellt werden, das auch in der Gestaltung den zukünftigen Wertvorstellungen der Kunden entspricht.

So ist Design für die Druck- und Verlagsindustrie kein Luxus, sondern ein wichtiger Faktor, um am Markt von den entsprechenden Zielgruppen wahrgenommen zu werden. Die Kunden und somit Zielgruppen von Heidelberg haben als hochqualifizierte Medien- und Informationsspezialisten eine wichtige Funktion in der Kommunikationsindustrie.

In der Konsumgüterindustrie haben sich qualitative Instrumente zur Beschreibung von Zielgruppen durchgesetzt, die mit Verwendertypologien und gesellschaftlichen Milieus arbeiten und auch ästhetische Anforderungsprofile berücksichtigen. Anhand von ästhetischen Analysen wird die Gesamtheit der Produkterscheinungen in einem definierten Markt abgebildet und in einen Wirkungs-, Verwendungs- und Bedeutungskontext gestellt und verglichen.

Nach diesem Prinzip hat design.net AG für den Bereich der Investitionsgüter ein Positionierungsmodell entwickelt, das ästhetische Anforderungsprofile mit einer Typologie zielgruppenspezifischer Arbeitswelten verbindet.

Das Positionierungsmodell bildet den Markt für Drucksysteme in zwei Dimensionen ab: der kulturellen Grundorientierung und dem Qualitätsverständnis.

Über die Vertikalachse wird die kulturelle Grundorientierung visualisiert – von «traditionell» bis «offen für Neues»; konkret heißt dies: Maßgeblich für eine Gruppierung ist der Grad der Zukunftsorientierung oder Traditionsorientierung. So hat z. B. eine Zielgruppe, die sich vornehmlich an der Kommunikationstechnologie und dem hierin liegenden tempobestimmenden Fortschritt orientiert, eine besonders ausgeprägte Zukunftsorientierung. Der Typus im anderen Extrem sieht sich stark in der Überlieferung des Handwerks und von Bewährtem verwurzelt und ist deshalb von einer eher traditionellen Grundorientierung geprägt.

Die Horizontalachse liefert die Dimension des vorherrschenden Qualitätsverständnisses bei potenziellen Adressaten von Druckmaschinen – von differenziert bis eindimensional. Dieses Kriterium spiegelt die Erwartungen wider, die eine Zielgruppe mit der Erzeugung qualitativ hochwertiger Arbeitsergebnisse verbindet.

So sind beispielsweise manche Zielgruppen durch ein undifferenziertes Qualitätsverständnis gekennzeichnet, d.h. dass sie in ihrer Grundeinstellung alles Tradierte kategorisch ablehnen und die Auffassung vertreten, dass ausschließlich das mit Computertechnologie Erzeugte gut ist. Der Extrem-Typus hiervon vertraut ganz und gar auf «the latest hype».

Andere Zielgruppentypen verfügen dahingegen über ein differenzierteres Qualitätsverständnis. Beispielsweise wollen sie up-to-date sein, aber nicht innovativ um jeden Preis. Sie lehnen zwar übertriebene Traditionsorientierung ab, entwickeln aber auch ein neues Bewusstsein gegenüber dem Bewährten. Zielgruppen mit einem kritischen Qualitätsverständnis denken also weniger kategorisch, wenn es um das Erlangen einer bestimmten Arbeitsqualität geht, sondern bewegen sich in einem breiteren Spektrum der einzelnen Möglichkeiten und wägen Technologieeinsatz je nach Fall individuell ab.

Anhand dieser Einteilung lassen sich die Gruppierungen in ihrer kulturellen Grundorientierung und ihrem Qualitätsverständnis unterscheiden, das wiederum eine Ableitung der für eine zielgruppenspezifische Designentwicklung wichtigen Wertorientierungen (hier charakterisiert durch die Wertbegriffe «Solidität, Struktur, Spannung und Auflösung») ermöglicht.

In diesem Positionierungsmodell zeigen sich vier grundlegende Zielgruppentypen:
- der Traditionsorientierte,
- der Technokrat,
- der aufgeschlossene Pragmatiker,
- der Zukunftsorientierte.

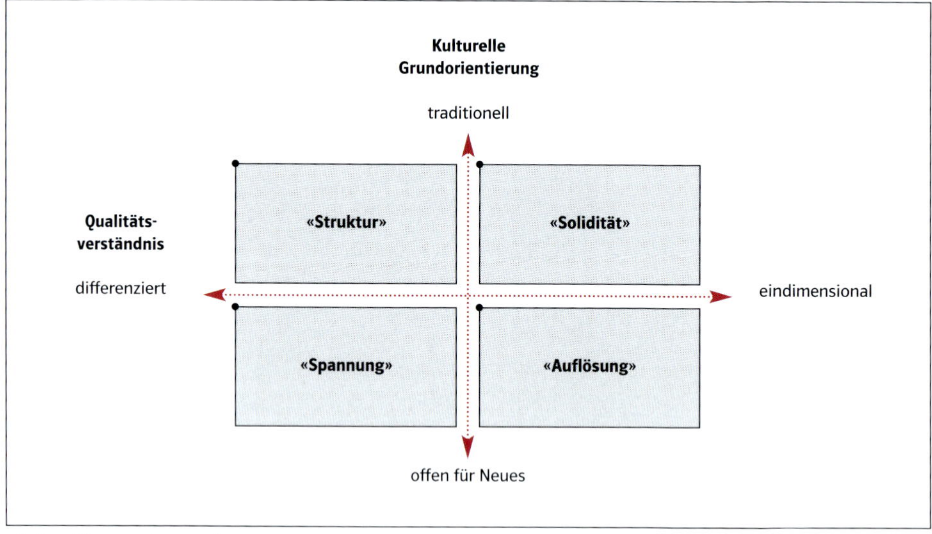

Ordnung und Typologisierung der Arbeitswelten der grafischen Industrie im produktsemantischen Raum

Diese Typologie wurde in dem Projekt AXIS im Detail beschrieben und hinsichtlich ihrer ästhetischen Anforderungsprofile visualisiert. Fragen, zu denen Aussagen gemacht wurden, waren z.B.: «In welchen Arbeits- und Kulturkontexten ist ein bestimmter Typus verwurzelt? Wie stark ist das Sicherheitsstreben ausgeprägt? Was ist für eine bestimmte Zielgruppe im professionellen und privaten Umfeld identitätsstiftend?». Auch Automatisierungs- und Rationalisierungsansprüche und der Umgang mit abstrakten Steuerungsprozessen waren Kriterien, die in diese Beschreibungen einflossen.

In diesem Positionierungsmodell – des so genannten «produktsemantischen Raums» – können nun nicht nur Zielgruppen, sondern ebenfalls Teilmärkte, Marken und Produkte verortet und in ihren Beziehungen zueinander analysiert werden. So entspricht jede der einzelnen potenziellen Zielgruppen, wie Entscheider, Anwender oder auch Zertifizierer, überwiegend einem dieser vier Grundtypen; aus dieser «Zugehörigkeit» können wiederum konkrete Aussagen über die jeweiligen funktionalen Ansprüche und Stilpräferenzen im Corporate Product Design abgeleitet werden.

Damit gelingt es im Bereich der Arbeitswelten, eines der wesentlichen Beurteilungs- und Entscheidungskriterien – das Design – als visuelle Erfahrung und ästhetische Erscheinung zu instrumentalisieren und einer differenzierten Steuerung zugänglich zu machen.

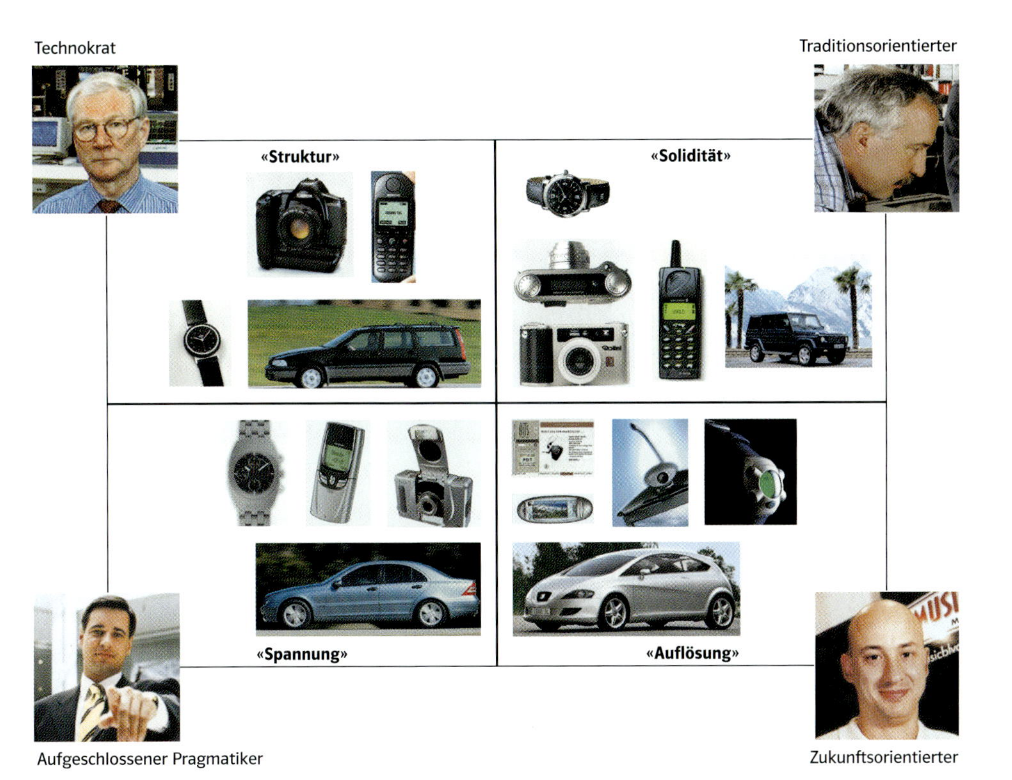

Visualisierung der ästhetischen Präferenzen und Designakzeptanz in den einzelnen Arbeitswelten über Referenzprodukte

Die Marke Heidelberg: vom Produktanbieter zum Lösungsanbieter

In der Druckindustrie wird – wie in immer mehr Wirtschaftszweigen und Branchen – über die reine Produktkompetenz hinaus die Fähigkeit zu umfassenden Serviceleistungen marktentscheidend. Da für viele Druckereien Systemkompetenz zunehmend investitionsentscheidend wird, wirkt sich diese Wandlung auch auf die Anforderungen an das Design der Einzelprodukte aus.

Absolut wesentlich ist, dass das wahrgenommene Image bei einem Lösungsanbieter weitaus stärker kauf- und damit auch bindungsentscheidend ist, als beim Produktanbieter. Neben der gegenwärtigen Marktstellung und der zu erwartenden zukünftigen Präsenz des Unternehmens, spielen nicht nur die objektiven Gegebenheiten, wie ein ausgewogenes Preisleistungsverhältnis, sondern auch das Image eines Unternehmens eine entscheidende Rolle.

Heidelberg hat im Zuge der Firmenzukäufe das Produktangebot unter einer Dachmarke zusammengefasst und darüber hinaus auch um wesentliche Systemkomponenten erweitert. Die Produkt-Design-Strategie sollte die Produktkomplexität auf einige wesentliche visuelle Merkmale konzentrieren.

Hat beim Produktanbieter die Dachmarke in erster Linie die Aufgabe, Einzelprodukte zu bündeln, muss bei einem Lösungsanbieter wie Heidelberg die Dachmarke darüber hinaus weitere Aufgaben erfüllen, denn im Gegensatz zum Produktanbieter wird beim Lösungsanbieter die Fülle der Produkte ganz wesentlich um komplexe Serviceleistungen ergänzt.

Zwischen den einzelnen Produkten des Lösungsanbieters kommt es zusätzlich auf das Vorhandensein kompatibler und flexibler Schnittstellen an sowie auf eine für Kunden nachvollziehbare und klare Systemstruktur.

Entsprechend muss im Produktdesign die Evolution vom Produkt- zum Lösungsanbieter visualisiert werden und beim Kunden nachvollziehbar sein. Was sind also die Konsequenzen für das Produktdesign und das Corporate Design, wenn sich ein Unternehmen vom Produkt- zum Lösungsanbieter wandelt?

Im Vergleich zur Produktgestaltung beim Produktanbieter finden sich in den Anforderungen an die Designsprache des Lösungsanbieters ganz grundlegende Unterschiede.

Hier ist es vor allem der Verweis auf die Dachmarke – der Verweis auf Prozessverkettungen, auf die Anbindungen, auf Service und Update-Leistungen, der das Produktdesign auszeichnet. Das Design muss das zusammenhängende Produktsystem und den «Solutions»-Gedanken kommunizieren. Die Produktästhetik ist also eher systembezogen; Schnittstellen und Modulationsfähigkeit müssen gestalterisch besondere Bedeutung verliehen werden. Das drückt sich z. B. über die Produktfarbigkeit aus. Die Farbgebung einer Systemstruktur dient eher einer Prozesssystematisierung, die sich stärker am so genannten Workflow, d. h. am Arbeits- und Produktionsablauf orientiert als an der reinen Produktgruppensystematisierung.

Wichtiger Inhalt des Projekts AXIS war also, dass das Corporate Industrial Design von Heidelberg die Strategie stützt, eine starke Dachmarke aufzubauen, die Markenpersönlichkeit weiter zu profilieren und im Bewusstsein der Kunden zu verankern. Unter diesem Aspekt hat das von Heidelberg verfolgte Dachmarkenkonzept einen sehr wesentlichen Nutzen: Es dient der zielführenden Übertragung bereits vom Marktpublikum gelernter Attribute auf alle Produkte derselben Marke.

Über die Dachmarke kann vom bereits bestehenden Wert der Marke und Markenprodukte profitiert werden, wenn diese Wertschätzung auf neu eingegliederte oder neu entwickelte, im Markt noch unbekannte Produkte dieser Marke übertragen wird.

Auch wird über die Dachmarke der Bezug von Produkten zu darüber liegenden, abstrakteren Wertkategorien wie z.B. weiteren Systemkomponenten oder Serviceleistungen ermöglicht. D. h., etwas bereits Gelerntes und für gut Befundenes weist mit einem Symbolträger über das eigentliche Produkt hinaus und stellt Verbindungen zu neuen, noch unbekannten Produkten oder erweiterten Leistungen her. In marktstrategischen Kontexten dienen als solche Symbolträger beispielsweise Logos, Unternehmensfarben oder auch formale, rein gestalterische Ausprägungen, d.h., bestimmte eigenständige und wiederkehrende Merkmale im Produktdesign, die auf gestalterische Verwandtschaft und damit auf Zugehörigkeit zur selben Marke verweisen. Die Markenwerte ‹Nähe, Stärke, Vertrauen› beschreiben den Markenkern der Heidelberger Druckmaschinen AG. Diese Ausprägungen der Identität des Unternehmens dienen grundlegend als Kriterien zur Überprüfung aller zukünftigen Gestaltungsentwürfe.

Was aber sind die konkreten Auswirkungen und Entsprechungen, die diese Markenwerte im Produktdesign haben sollten? In einer Analyse wurde die Bedeutung des Markenkerns für die Gestaltung erörtert und in Gestaltungsgrundsätze übersetzt, die wiederum auf ihre Kernaussage für das Corporate Industrial Design und die jeweiligen Konsequenzen für die Produktsprache heruntergebrochen wurden. Sie beschreiben für das Produktdesign folgenden Korridor:

- zwischen Maschinen- und Informationszeitalter,
- zwischen Tradition als Druckmaschinenhersteller und Technologieführer,
- zwischen Wandel und Kontinuität,
- zwischen Identität und Innovation.

Damit wurde der Grundstein für eine Designentwicklung gelegt, die der Persönlichkeit und dem Anspruch der Marke gerecht wird. Bewegt sich das Industrial Design von Heidelberg zukünftig zwischen diesen zentralen Leitplanken, so ist gewährleistet, dass die Produkte trotz unterschiedlicher Anforderungen und Funktionsweisen eine einheitliche Unternehmensbotschaft transportieren und dem Unternehmensleitbild entsprechen.

Die Produktdesign-Analyse

Im Anschluss an die Markenanalyse wurden in einer weitreichenden Identitätsanalyse 180 Heidelberg-Produkte auf Basis ihrer visuellen Erscheinung beurteilt und in ein Verhältnis zu den sich verändernden Umweltbedingungen und den Erwartungshaltungen der unterschiedlichen Zielgruppen gesetzt.

In dieser Analyse wurde primär der formale Aufbau und die Ausrichtung des Produktes, Schlüsselmerkmale, Stilprinzipien sowie Materialität und Einsatz und Durchgängigkeit der Farbigkeit erfasst, differenziert beurteilt und innerhalb des in der Zielgruppenanalyse beschriebenen «produktsemantischen Raums» verortet.

Die bewusste Steuerung produktsprachlicher Inhalte kann einen ganz wesentlichen Mehrwert für Konsumenten oder Investoren liefern (z.B. eine positive Ergonomie durch eine gute Produktgestaltung). Für den Hersteller kann es aus unterschiedlichen Gründen wichtig sein, auch die kulturellen Kontexte von Produkten zu kennen und ihre Aussagen bewusst über das Design zu steuern.

Die Designtheorie im Speziellen, aber auch die Semiotik und die Hermeneutik widmen sich der Analyse solcher Produktaussagen. All diesen Betrachtungsweisen liegt zugrunde, dass Objekte über ihre Gestaltung auch ihre Anwendungskontexte mitkommunizieren. So ist z.B. ein Stuhl nicht losgelöst von dem Bedürfnis und der Funktion des Sitzens zu sehen. Und genau diese Funktion und Handhabungsweise kommuniziert ein Stuhl in der Regel über eine Reihe bestimmter Anzeichen.

Fräsmaschinen, Gabelstapler und eben auch Druckmaschinen verfügen ebenfalls über Produktaussagen, die sich dem Benutzer direkt erschließen: Bestimmte Anzeichen weisen den Anwender darauf hin, wie er an das Objekt herantreten muss, wie es zu bedienen ist und wo er bestimmte Informationen abrufen kann. Die logische Folge der Arbeitsabläufe spiegelt sich in Aufbau und Anordnung des Objektes wieder. Flächen, Volumina, Rundungen, Verbindungen, Vorsprünge und Aussparungen teilen dem Anwender mit, wo und in welcher Art Interaktion mit dem Objekt stattfinden soll. All diesen Wirkungsweisen widmet sich die Produktsprache.

Sämtliche Produkt, die unter dem Dach der neuformierten Heidelberg-Gruppe angeboten wurden, sind nicht nur detailliert auf produktsprachliche Gehalte und Benutzerergonomie, sondern auch auf markensymbolische Faktoren untersucht worden. Ziel war es, die spezifischen Eigenidentitäten der Tochterunternehmen in ihren unterschiedlichen Märkten zu berücksichtigen, um mögliche Synergiepotenziale bei der neuen gemeinsamen Industrial-Design-Strategie maximal auszuschöpfen.

Mit Blick auf die einzelnen Produkterscheinungen in den unterschiedlichen Produktbereichen der Heidelberg-Gruppe ergab sich ein heterogenes Bild.

So entsprachen z. B. bereits länger im Markt etablierte Bogendruckmaschinen ebenso wie Produkte aus dem Bereich der Druckweiterverarbeitung der eher traditionellen Ästhetik des Maschinenzeitalters.

In anderen Produktsegmenten hingegen, wie z. B. dem Rollendruck, dominiert deutlich die Anmutung einer ingenieurwissenschaftlichen Grundorientierung und Fortschrittsgläubigkeit, wie man sie maßgeblich aus den 60er Jahren und den frühen 70er Jahren kennt.

Hingegen zeigt das Produktdesign eines Rollenwechslers eine – für dieses schwermechanisch arbeitende Gerät – überraschende zeitgemäße und wegweisende Produktsprache. Die expressive Überzeichnung der mechanischen Einheiten und die Reduzierung des Grundkörpers auf wenige geometrische, beinahe zweidimensional anmutende Grundelemente schafft eine Produktsprache, die ihre Referenz weit weniger aus der klassischen Maschinenästhetik bezieht, sondern vielmehr aus der Piktogramm-Darstellung einer Maschine auf einem Computerdisplay.

Technokrat

Traditionsorientierter

«Struktur»
Bsp. Rollendruck:
Fortschrittsgläubigkeit

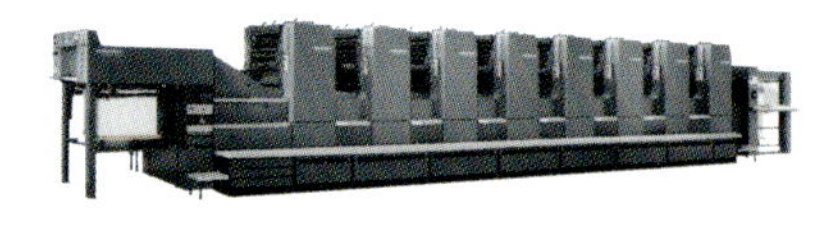

«Solidität»
Bsp. Bogendruck: Maschinenzeitalter

«Spannung»
Bsp. Rollenwechsler: Expressive Überzeichnung der mechanischen Einheiten

«Auflösung»

Aufgeschlossener Pragmatiker

Zukunftsorientierter

Die einzelnen Produkte lassen sich entsprechend ihrer visuellen Erscheinung den Arbeitswelten zuordnen und somit im «produktsemantischen Raum» in Beziehung zueinander setzen.

Anhaltspunkte: das Wettbewerbsumfeld und Trends in angrenzenden Branchen

Bei der Untersuchung der maßgeblichen Produkte des internationalen Wettbewerbs auf ihre produktsprachlichen Gehalte wurde augenscheinlich, dass die neue Konkurrenzsituation – ebenso wie die dynamischen Strukturveränderungen in der grafischen Industrie – eine zukunftsgerichtete und im Markt eigenständige Produktsprache für Heidelberg notwendig machte.

Die Branchenmesse PRINT 97 in Chicago lieferte die Recherchegrundlage für eine umfassende und detaillierte Konkurrenzanalyse und konnte so die Auswertungen der IMPRINTA 97 in Düsseldorf und der IGAS 97 in Tokio ergänzen.

In einem Markt-Monitoring für die Heidelberg-Gruppe wurde der Wettbewerb in Bezug auf sein Produktdesign und auf seine Position im «produktsemantischen Raum» analysiert. Es gibt die Eindrücke unterschiedlicher Märkte im Bereich der grafischen Industrie wieder, so wie sie sich im Jahr 1997 dargestellt haben. Für jeden der Produktbereiche in der Heidelberg-Gruppe wurde die Produktsprache der Wettbewerber untersucht. Die Produkterscheinung wurde mit dahinterliegenden Wertstrukturen des Marktes verbunden und entsprechend im «produktsemantischen Raum» dargestellt. Das Ergebnis ist eine «Landkarte». Diese

Karte gibt Auskunft über die Positionen unterschiedlicher Wettbewerber und reflektiert den strategischen Fokus in ihrer Produktsprache.

In Bezug auf diese Positionierungen konnte der empfohlene Handlungsspielraum für die einzelnen Produktsektoren der Heidelberg-Gruppe noch weiter konkretisiert werden.

Darüber hinaus wurde in branchenfremden Kontexten nach Hinweisen auf zu erwartende Trends gesucht. Oftmals zeichnen sich in angrenzenden Branchen bereits im Vorfeld Strömungen ab, die Rückschlüsse auf zukünftige Entwicklungen und Designtrends in einem anderen Bereich zulassen.

So sollte eine Bestandsaufnahme des Produktdesigns im Markt metallbearbeitender Maschinen Auskunft geben über mögliche Trends im Produktdesign von Druckmaschinen. Die Produkterscheinungen in der metallbearbeitenden Industrie wurden deshalb als Referenzästhetik eingeführt, weil sich auch dieser Markt – ähnlich wie die Druckindustrie – in einem Paradigmenwechsel befand. Zusätzlich zu den klassischen Werten dieser Branche wie «Solidität», «Präzision» und «Schnelligkeit» werden zunehmend auch «Flexibilität» und «Modularität» in die Marktargumentation aufgenommen und entsprechend über das Produktdesign visualisiert. In der durchgeführten Untersuchung wurden wesentliche gestalterische Themen und Designtrends aus dem Markt für metallbearbeitende Maschinen vorgestellt, die durchaus in Analogie zu der strategischen Fragestellung im Markt für Drucksysteme zu sehen waren.

Die strategische Positionierung

Eingangs wurde beschrieben, dass der Bestandsaufnahme bei Heidelberg eine detaillierte Markenanalyse in Bezug auf die Implikationen für das Industrial Design zugrunde liegt. Die Heidelberg-Gruppe versteht sich als traditionsreicher Weltmarktführer mit einer eindeutigen Produktkultur: absolut zuverlässig, qualitativ hochwertig, präzise, solide und technologisch führend. Auf diesem Image musste also auch der strategische Fokus für das Corporate Industrial Design der Heidelberg-Gruppe aufbauen. Die Konzentration erfolgte auf eine im bereits erläuterten Positionierungsmodell definierte Zielgruppe. Jede Designwirkung musste nunmehr daraufhin überprüft werden, ob sie dem Fokus – d. h. dem Qualitätsbewusstsein der identifizierten Kernzielgruppe – gerecht wird.

Zur Beschreibung der strategischen Positionierung für Heidelberg dient das strategische Produktprofil. Dieses beschreibt gestalterische Stereotype – so genannte «Stilprinzipien» (beispielweise integriert, additiv zusammengesetzt, konstruktiv, massiv) und ihre Verbindung zu den für das Heidelberg-Produktdesign richtungsweisenden «Stilwelten».

Unter Stilprinzipien sind keine Designstile zu verstehen, wie z. B. der «Funktionalismus» oder die «Postmoderne», sondern Gestaltungselemente, aus denen das Produktdesign seine spezifische Anmutung bezieht. Innerhalb eines Stilprinzips sind zwar unterschiedliche Formen und Ausprägungen möglich, doch die Grundausrichtung der Gestaltung arbeitet primär mit den gleichen Elementen. Die Stilprinzipien stellen somit eine Strukturhilfe für die Auseinandersetzung mit einzelnen Designausrichtungen dar und ermöglichen die formal-ästhetische Fokussierung auf bestimmte strategieadäquate Felder.

Die Stilprinzipien für Heidelberg Produkte wurden unter Begriffe wie «kubisch», «additiv», «robust» bzw. unter Kombinationen aus diesen Begriffen zusammengefasst.

Das Stilprinzip «robust» spiegelt beispielsweise eine Designästhetik wider, wie sie typisch für die Maschinenanmutung ist: Der ausgeprägte Produktkorpus steht voluminös im Vordergrund und wirkt in seiner Robustheit nahezu unverwüstlich. Diese Charakteristik wird maßgeblich von Einzelelementen und Details wie offensichtlichen Nieten, Schrauben und Bolzen getragen. Sie betont den soliden Charakter und verweist auf die Kraftleistung, die diese Maschine dem Anwender ermöglicht. Auf der Symbolebene ist die charakteristische Verbindung von Belastbarkeit und Beherrschbarkeit typisch für dieses Stilprinzip. Entsprechend wurden in dem Projekt weitere Stilprinzipien identifiziert und beschrieben und in einem nächsten Schritt zu der strategischen «Stilwelt» der Heidelberg-Gruppe zusammengefügt.

Stilwelten definieren sich als Arrangements einzelner Stilprinzipien, die einen gezielten Zusammenhang zu den Zielgruppen herstellen. Sie waren die Grundlage für die strategische Fokussierung der neuen Produktsprache der Heidelberg-Gruppe. Sie tragen den im Vorfeld dargestellten wesentlichen Rahmenbedingungen Rechnung und bieten dennoch Raum für unterschiedliche strategische Optionen innerhalb der Geschäftseinheiten.

Die Stilwelt von Heidelberg

Die für Heidelberg definierte Stilwelt wird zum überwiegenden Teil durch eine geometrisch integrative Designarchitektur bestimmt. Sie orientiert sich in der Anmutung an dem technischen Design eines Ingenieurproduktes. Dadurch wird ein nachhaltiger Bezug zu der «Welt» der Maschinenkultur hergestellt. Das maßgebliche gestalterische Prinzip ist eine klare Strukturiertheit. Die Tradition dieser Ingenieurästhetik in der Produktgestaltung wird durch das Stilprinzip «kubisch» aufgegriffen und fortgesetzt.

Im Verlauf des Projekts gaben diese strategisch formulierten Stilwelten den beauftragten Designern die gestalterische Richtung vor.

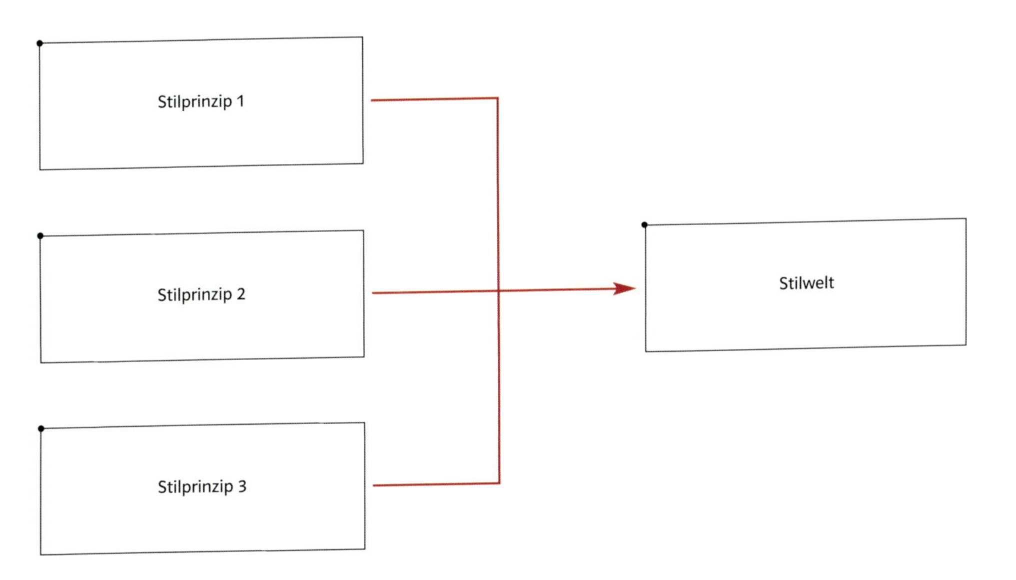

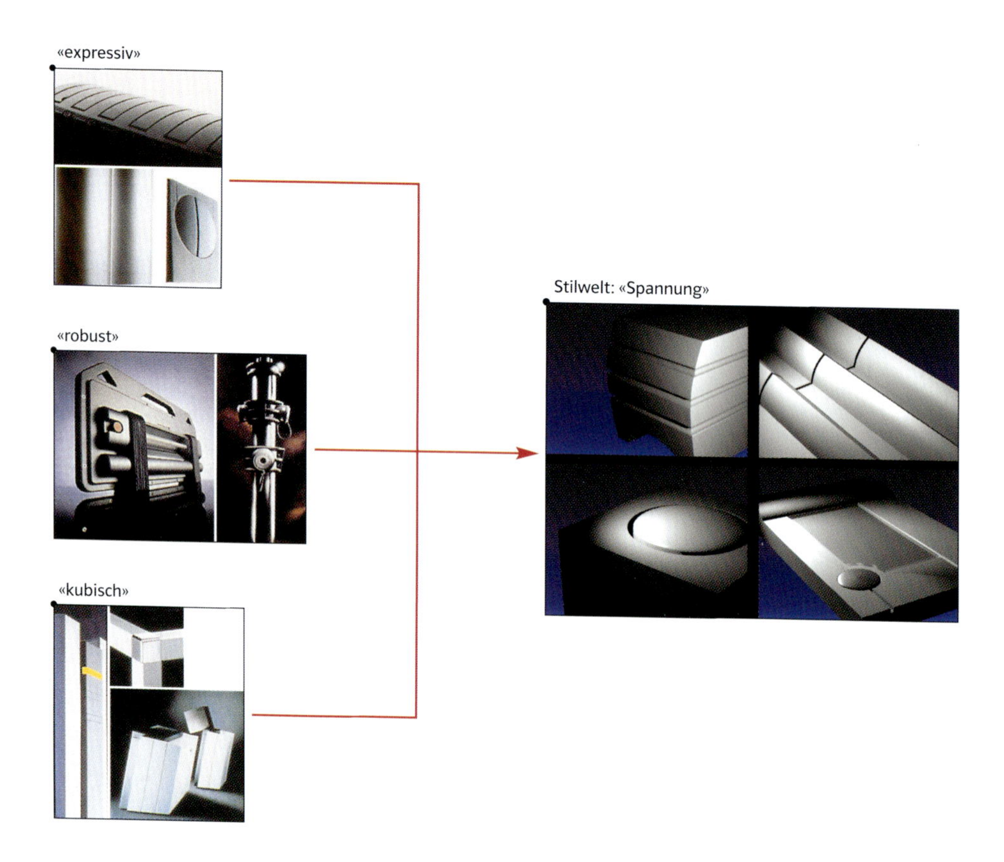

Die Stilwelt beschreibt den Gestaltungskorridor für alle Produktdesignaufgaben. Eine Stilwelt setzt sich jeweils aus mehreren Stilprinzipien zusammen.

Die Projektorganisation: Etablierung einer Informations- und Koordinationsstruktur

Mit der Präsentation dieser Grundlagen vor dem Operativen General Management der Heidelberg-Gruppe (OGM) im März 1997 wurde das «Go» für die Implementierung des Projekts AXIS gegeben. Die Mitglieder des erweiterten Vorstands bei Heidelberg hatten der Grundlagenarbeit und Ableitung der strategischen Positionierung von Heidelberg Industrial Design und design.net AG zugestimmt. Die nächsten Schritte konnten eingeleitet werden.

Im folgenden Projektabschnitt musste die Frage beantwortet werden, wie und in welcher Weise nunmehr die Produktgestaltung in vormals vollkommen selbstständig arbeitenden Unternehmen für das Projekt AXIS weltweit koordiniert werden konnte. Deshalb bestand ein wesentlicher Teil der Aufgabe des strategischen Designmanagements darin, eine geeignete Projektstruktur zu erarbeiten. Diese sollte sowohl die zentrale und übergreifende Steuerung der komplexen Einzelaufgaben des Implementierungsprozesses ermöglichen als auch die einzelnen Gegebenheiten und Interessen der jeweiligen dezentralen Einheiten berücksichtigen und entsprechend koordinieren.

Die Prozessorganisation des Projekts war dementsprechend vor Beginn der Implementierung klar abzustimmen und verbindlich festzulegen. Um die wesentlichen Informationswege im Projekt zu verdeutlichen, war es elementar, die Aufgaben der einzelnen Mitglieder innerhalb der zu definierenden Steuerungsgruppe detailliert darzustellen und mit den allgemeinen Projektzielen zu verbinden.

Die zentrale Einheit des AXIS-Projekts wurde durch ein Kernteam gebildet. Es setzte sich zusammen aus den Leitern des Heidelberg Corporate Industrial Design und dem Projektteam der design.net AG. Innerhalb der Steuerungsgruppe definierte das Kernteam die Richtung des Gesamtprozesses und gewährleistete das Erreichen gruppenweiter Standards in der Produktgestaltung. Das Kernteam war verantwortlich für die Koordination des Projekts und berichtete direkt dem Vorstand.

Die Steuerungsgruppe bestand aus dem Kernteam und aus Vertretern bzw. Umsetzungsverantwortlichen der einzelnen Business Units von Heidelberg. Sie vertraten die Interessen der einzelnen Units im Corporate-Industrial-Design-Prozess. Die Mitglieder der Steuerungsgruppe waren selbst verantwortlich für die Koordination des Designprozesses in den einzelnen Produktbereichen, stimmten sich aber direkt mit dem Kernteam ab.

Des Weiteren wurde entschieden, für ein Projekt dieses Umfangs und dieser Tragweite externe Designpartner hinzuzuziehen. Sie erarbeiteten zusammen mit dem Kernteam das konkrete Produktdesign der Heidelberg-Gruppe. Der externe Partner war direkt an das Kernteam angeschlossen und hatte diesem direkt zu berichten.

Die Organisationsstruktur definiert den notwendigen Rahmen für die globale Steuerung und Koordination des komplexen und extensiven Projekts.

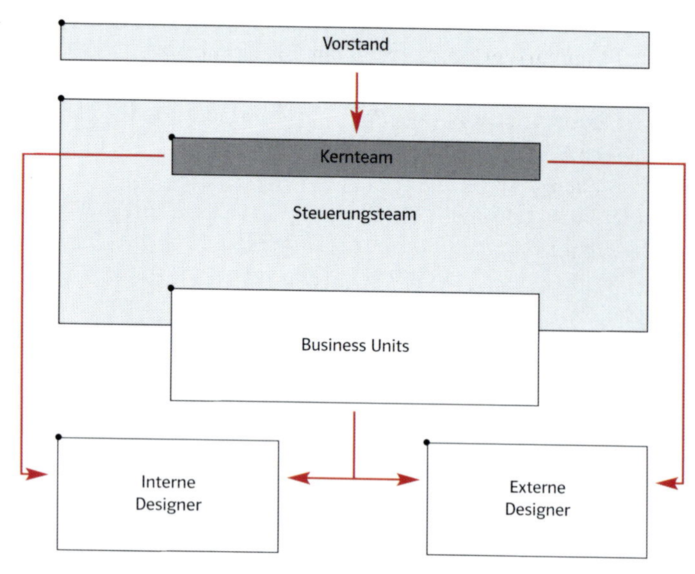

Auswahl und Briefing der externen Designpartner

Nachdem die Steuerungsgruppe, basierend auf der Positionierung und den Beschreibungen der Stilwelten, die neuen Gestaltungsgrundsätze für das Produktdesign der Heidelberg-Gruppe erarbeitet hatte, wurde eine Vorauswahl der potenziellen Designpartner getroffen. Bei diesem Prozess übernahm das Kernteam alle wesentlichen Aufgaben des Auswahlverfahrens.

Aus 14 potenziellen Partnern, die anhand von Leistungsprofilen und Referenzprodukten vorgestellt und anhand einheitlicher Maßgaben bewertet wurden, kamen vier renommierte internationale Büros in die engere Auswahl und stellten sich daraufhin im Juli 1997 in Heidelberg vor.

Der anschließende Auswahlprozess fand nach vordefinierten Kriterien statt. Drei der Büros erhielten ebenfalls die Gelegenheit zu einer Präsentation in Dover, USA. Diese Präsentation, für die Vertreter aus mehreren Standorten der USA anreisten, bestätigte den Favoriten der Vorauswahl, und so konnte die Firma Designworks/USA gemeinschaftlich als Partner für das Projekt AXIS ausgewählt werden.

Designworks/USA wurde beauftragt, das spezifische Heidelberg-Produktdesign exemplarisch an zuvor definierten Leitprodukten zu erarbeiten.

Der Designpartner war gebrieft, an einer gruppeneinheitlichen Produktsprache zu arbeiten, die unterschiedliche Produktbereiche umfasste. Gemeinsam mit der Steuerungsgruppe war Designworks/USA für die Projektkoordination zwischen den unterschiedlichen Produktbereichen verantwortlich und erhielt während des AXIS-Prozesses alle notwendigen Informationen (z. B. Corporate-Identity-Richtlinien, Produktbeschreibungen, Marktplatzierungen, Projektpläne etc.) vom Kernteam.

Die Inhalte des Briefings für die Designer waren vom Kernteam auf Basis der Marken-, Wettbewerbs- und Zielgruppenanalysen erarbeitet worden.

Die Umsetzung der Strategie: Entwicklung der Leitprodukte

Von zentraler Bedeutung für das Projekt war weiterhin die Bestimmung so genannter «Leitprodukte». Leitprodukte waren definiert als Produkte, die zur drupa 2000 in dem neuen Corporate Industrial Design vorgestellt werden sollten. Ihre Aufgabe war es, exemplarisch für alle Produkte der Heidelberg-Gruppe und insgesamt für das zukünftige Produktdesign zu stehen. Sie sollten außerdem als Vorbild und Orientierungshilfe für die neuen Designkonzeptionen dienen, denn in ihnen sollten die Corporate-Industrial-Design-Grundsätze und spezifischen Designmerkmale für Heidelberg zum ersten Mal fassbar umgesetzt sein.

Bei der Auswahl dieser Produkte musste berücksichtigt werden, dass es sich um ein zentrales Komplettprodukt mit Multiplikatorfunktion handelt und dass die Designentwicklung am Leitprodukt für das übrige Produktportfolio entsprechende Relevanz hat. Im Juni 1997 konnte in einem Workshop mit allen Steuerungsteilnehmern ein allgemeiner Konsens für die Benennung der zu bearbeitenden Leitprodukte erzielt werden.

Die Funktionen der Leitprodukte wurden wie folgt definiert:

1. Die Leitprodukte sollen dem Markt unmissverständlich zeigen, dass die Heidelberg-Gruppe zusammengewachsen ist, dass sie eine neue Identität als Lösungsanbieter bekommen hat und dass sie weiterhin eine klar führende Position in dem sich verändernden Marktumfeld einnimmt.

2. Die Leitprodukte haben ebenfalls eine wichtige interne Funktion. Sie dienen als Beispiel für die gruppeneinheitliche Produkt-

designsprache und geben eine klare Perspektive und Richtung für die Arbeit der internen Designer der Heidelberg-Gruppe vor.

3. Der Designprozess der Leitprodukte soll eine mehr oder weniger simultane Übertragung der Gestaltelemente auf weitere Produkte der jeweiligen Produktbereiche erlauben.

Ein Leitprodukt ist die erste fassbare Umsetzung der Strategie und trägt die zentrale Designsprache als Multiplikator in den Markt und in die einzelnen Entwicklungsbereiche des Unternehmens.

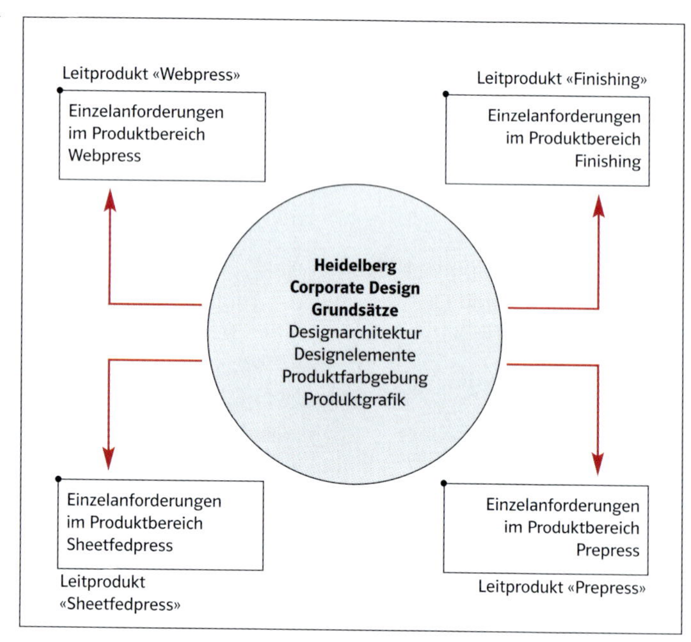

Die Definition grundlegender Designkonstanten

Im Verlauf der Arbeit wurden von Designworks/USA und in enger Steuerung durch das Kernteam die grundlegenden Designkonstanten definiert und visualisiert.

Auf dem AXIS-Treffen im Januar 1998 stellte Designworks/USA die erarbeitete Designsprache repräsentativer Produkte vor. Die Folgemonate waren gekennzeichnet von der Feinabstimmung des Produktdesigns, vom beständigem Überprüfen der Produktentwürfe und von der Erarbeitung der jeweils optimalen Produktlösungen in Zusammenarbeit mit den jeweiligen Produktverantwortlichen in den einzelnen Business Units.

Maßgeblich für die Entwicklung der Leitprodukte war zunächst die Definition der übergreifenden Designkonstanten, die die unveränderbaren und damit grundlegenden Determinanten im Produktentwicklungsprozess darstellen. Sie tragen dazu bei, die Unternehmensbotschaft eindeutig zu visualisieren und sind deswegen unbedingt bei jeder Produktentwicklung zu berücksichtigen.

Zu den Designkonstanten zählen:
- die übergreifende Produktsprache (Designarchitektur)
- die Designmerkmale,
- die Produktfarbgebung,
- die Produktgrafik (Wortmarke auf Produkten).

Designarchitektur und Designmerkmale

Als Designarchitektur verstehen wir die spezifische übergreifende Produktsprache, die es ermöglicht, dass jedes einzelne Produkt, vom Tisch-Scanner bis zur werkshallengroßen mehrstöckigen Zeitungsdruckmaschine, sozusagen bereits «aus der Ferne» eindeutig als Heidelberg-Produkt im Markt erkannt wird.

In einem nächsten Schritt wurden einzelne Designmerkmale abgeleitet. Sie bieten ein geeignetes Mittel, um sowohl die gewünschte Wiedererkennung sicherzustellen als auch einen gewissen Spielraum für die Gestalter offen zu lassen.

Eines der für Heidelberg definierten und prägnant eingesetzten Designmerkmale ist beispielsweise die Rundung. In einem eher von geometrischen Grundformen dominierten Produktumfeld schafft der gezielte Einsatz von Rundungen einen spannungsreichen Kontrast. Auch hat die Verbindung von runden und kantigen Elementen und Produktteilen eine hohe Aufmerksamkeitswirkung und dient als Alleinstellungsmerkmal gegenüber dem Wettbewerb.

Um Konsistenz und Kontinuität im Produktsystem der Heidelberg-Gruppe zu sichern, waren die Designer aufgefordert, diesen Baukasten von Designkonstanten zielgruppengerecht zu nutzen und künftig weiter zu entwickeln.

Die Designmerkmale prägen die spezifische Produktsprache der Heidelberg-Gruppe entscheidend. Der Einsatz dieser Gestaltungselemente unterstützt die Konsistenz und Kontinuität im Produktsystem der Gruppe.

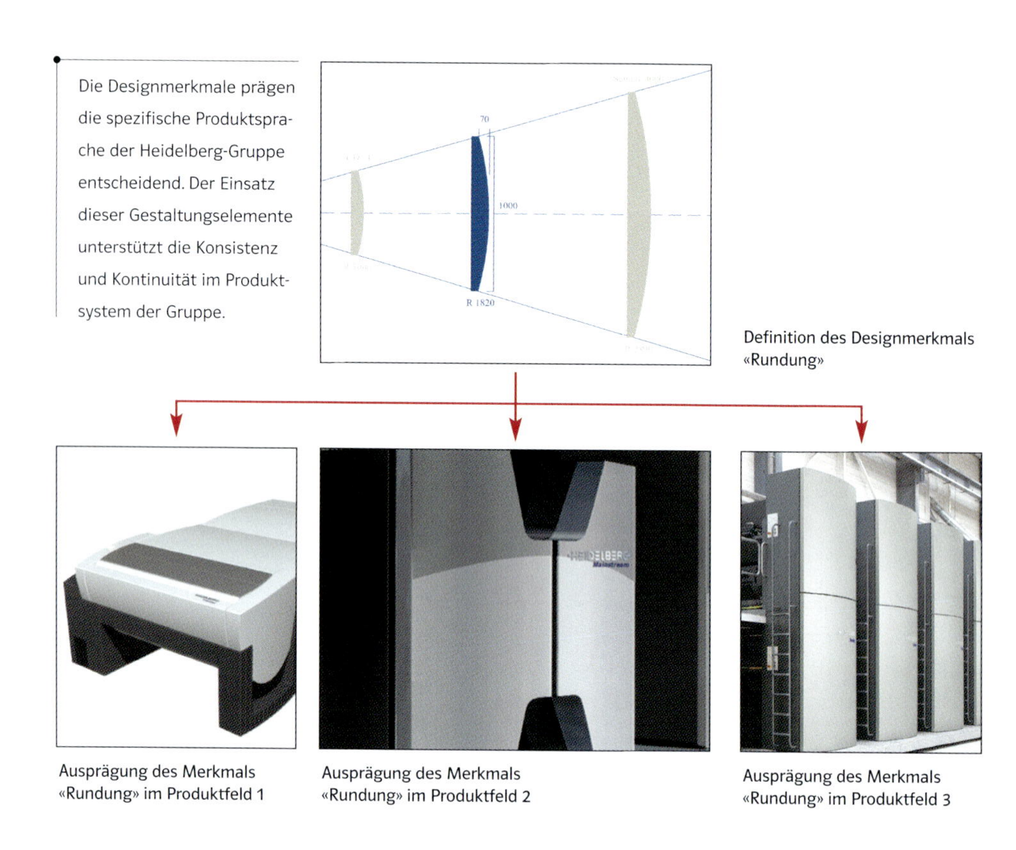

Definition des Designmerkmals «Rundung»

Ausprägung des Merkmals «Rundung» im Produktfeld 1

Ausprägung des Merkmals «Rundung» im Produktfeld 2

Ausprägung des Merkmals «Rundung» im Produktfeld 3

Zusätzlich zu diesen grundlegenden Merkmalen sollte ein System etabliert werden, welches Variationen der Designmerkmale für die Anpassung an unterschiedliche Marktsegmente erlaubt.

Als «Design-Deklination» fanden diese strategischen Variationen des neuen Corporate Industrial Design Eingang in die Produktentwicklung und ermöglichten somit einen jeweils marktadäquaten Umgang mit den zentral definierten Vorgaben. So wurde beispielsweise definiert, dass das Designmerkmal «Rundung» unterschiedliche Ausprägungen in den einzelnen Produktsegmenten annehmen kann: So kann dieses Merkmal zum einen als Wölbung oder Bombierung von großflächigen Maschinenfronten und zum anderen als Abkantradien auftauchen, aber auch als Bombierung. Dasselbe Merkmal kann den Hinweis auf einen gemeinsamen Absender geben und dennoch eine Anpassung entsprechend der unterschiedlichen Zielgruppenanforderungen zulassen.

Die Corporate-Colour-Strategie für die Produktfarbgebung

Für die Produktgestaltung bei Heidelberg gilt die Maßgabe, auch durch die Farbe die traditionellen Heidelberg-Markenwerte konstant zu visualisieren. Das Heidelberg-Grau, das zur drupa 1972 mit einem Paukenschlag das bis dahin gültige Schwarz ablöste, vermittelte Solidität, Qualität und Langlebigkeit.

Die Produktfarbigkeit hat insbesondere bei einer Dachmarkenstrategie eine tragende Aufgabe im Produktdesign.

Aus diesem Grund wurde im Zuge des AXIS-Projekts eine grundlegende und verbindliche Farbgestaltung sämtlicher Produkte definiert.

Die Farbstrategie berücksichtigt ebenfalls die in der Grundlagenuntersuchung definierten Rahmendaten, um dem Lösungsanbieter Heidelberg ein stimmiges und im Markt eigenständiges Gesicht zu verleihen.

Unterschiedliche Farbkonzepte wurden auf ihre funktionalen Aspekte (z. B. Verschmutzungsanfälligkeit oder Farbneutralität für das Abmustern von Druckfarben), ihre Anwendbarkeit in den verschiedenen Business Units (Eignung für das gesamte Angebotsspektrum vom Desktop-Gerät bis hin zur mehrstöckigen Zeitungsdruckmaschine) überprüft und nach unterschiedlichen Kriterien wie z. B. mögliche Anpassungswiderstände, Visualisierung der Einheitlichkeit und Bezug zu bereits eingeführten Unternehmenskulturen etc. bewertet. Auch wurde die Bedeutung der gewählten Akzentfarbe auf internationale Verwendbarkeit getestet und die vom Wettbewerb eingesetzten Produktfarben berücksichtigt. In mehreren Feldversuchen musste sich der neue Farbklang auch bei gelaunchten Produkten bewähren.

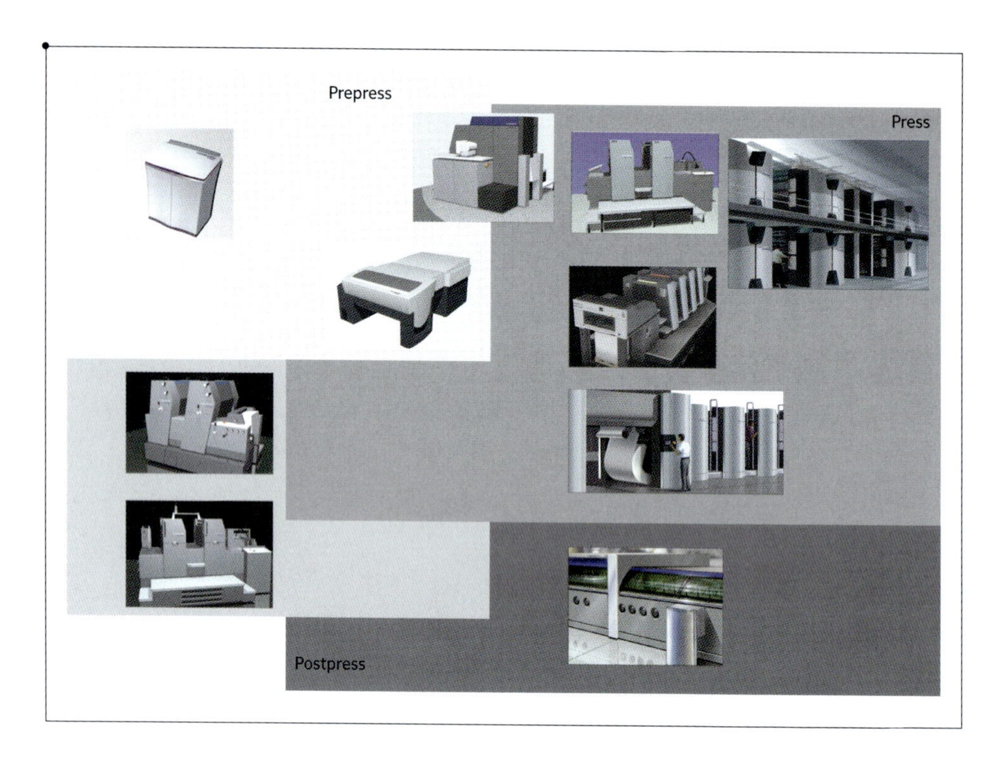

Die umfassende und verbindliche Farbstrategie berücksichtigt nicht nur funktionale und ästhetische Gesichtspunkte, sie dient auch der Vermittlung der Werte «Stabilität» und «Struktur» und zur Systematisierung der Produktgruppen.

Die Einführung eines übergreifenden Farbkonzeptes für alle Produktgruppen demonstriert die Zusammengehörigkeit des Systems und ermöglicht Heidelberg eine deutliche Abgrenzung zum Wettbewerb. So dient die Farbe «Heidelberg-Blau» in allen Produktbereichen als Akzentfarbe. Daneben stehen definierte Körperfarben zur Verfügung; aus diesem Spektrum werden in den einzelnen Produktgruppen je nach Funktionalität und Produktumfeld hellere oder dunklere Töne eingesetzt. Eine dieser Körperfarben ist die Farbe Mica-Silber. Sie wurde bewusst gewählt, um den Wandel zu einem neuen Erscheinungsbild der Heidelberg-Produkte zu signalisieren. Mica-Silber symbolisiert die Fortschrittlichkeit einer High-Tech-Welt und hebt sich spannungsreich von den Produkten des Wettbewerbs ab. Die Farbe Mica-Silber reflektiert Hochwertigkeit und schafft damit Vertrauen: denn Hochwertigkeit und Qualität signalisieren Investitionssicherheit. Sie wirkt aber auch als Metallfarbe und bedient sich damit der Signale eines traditionellen Werkstoffs. Mit der Farbe Mica-Silber gelingt der Brückenschlag zwischen Innovation und Tradition.

Exkurs Produktgrafik: die Corporate-Wording-Strategie

Im Zuge der Definition der zuvor beschriebenen Designkonstanten sollten auch Festlegungen für die Produktgrafik, d.h. für die Erscheinung der Wortmarke und des Produktnamens auf den Produkten einen festen Bestandteil der Corporate-Industrial-Design-Strategie bilden. Hierfür mussten also zunächst die bestehenden Produktnamen auf ihre Eignung für das Productbranding überprüft werden.

Da jedoch durch die Zusammenschlüsse unterschiedlicher Firmen in der Heidelberg-Gruppe die jeweiligen Produktbezeichnungen größtenteils unverändert übernommen wurden, fehlte eine durchgängige Namenssystematik. Im Zuge der Dachmarkenstrategie zeichnete sich also für Heidelberg auch die Notwendigkeit ab, eine einheitliche Produktnamenstrategie – vergleichbar der Farbstrategie – zu erarbeiten. So wurde vom Bereich Heidelberg Brand Management & Communications angeregt, die Corporate-Wording-Strategie in den Aufgabenbereich des AXIS-Projekts mit einzubinden. Das AXIS-Kernteam war nun parallel zur Produkt-Design-Strategie an der Entwicklung des einheitlichen Corporate Wordings beteiligt und im Anschluss dafür verantwortlich, die Festlegungen für die Produktgrafik entsprechend abzustimmen.

Als Ausgangssituation gab es unterschiedliche Produktnamen mit einer großen und heterogenen Assoziationsspanne. Die Vielfalt rangierte von direkt aus der Produktgattung abgeleiteten Namen wie «S-Offset» über stark assoziative Namen wie «Tango», «Galaxy» oder «Herkules PRO», bis hin zu rein technischen Typenbezeichnungen wie «M-1000».

Ziel war ein gruppenweit einheitliches System von international verständlichen Produktbezeichnungen zu schaffen, das positiv und einprägsam die Marktkompetenz des Unternehmens in seinem Umfeld kommuniziert. Um dies zu erreichen, wurden sämtliche Produktnamen der Heidelberg-Gruppe katalogisiert und den entsprechenden Geschäftsfeldern zugeordnet.

Diese Bestandsaufnahme zeigte, wie auch zuvor die Produktdesignanalyse, ein sehr heterogenes und unübersichtliches Gesamterscheinungsbild in den Produktbezeichnungen und ließ bei den Einzelprodukten nicht auf eine Zugehörigkeit zu einer Systemfamilie oder gemeinsame Herkunft schließen.

Aufgabe des Corporate Wording im Produktbereich musste es deshalb sein, eine prägnante und einheitliche Nomenklatur zu finden, die das Heidelberg-Angebot sowohl ästhetisch als auch logisch zusammenfasst. Ähnlich wie beim Farbkonzept musste auch hier ein Index gefunden werden, der die unterschiedlichen Produktnamen schlüssig konfiguriert, d. h. das gesamte Spektrum des Produktportfolios auf sprachlicher Ebene auf einen gemeinsamen Nenner bringt und übersichtlich gliedert.

Bei der Entwicklung des neuen Wording-Codes war deshalb folgende Vorgehensweise bestimmend:
- Den Ausgangspunkt sollte der Produktname «Speedmaster« darstellen, da dieses Produkt als Hauptumsatzträger und starker Imageträger im Markt wirkte.
- Darauf aufbauend sollte eine Namenssystematik entwickelt werden, die zukünftig den «Solution»-Gedanken des Lösungsanbieters Heidelberg im Produktportfolio widerspiegeln würde.
- Konkrete Namensvorschläge der einzelnen Business Units waren bei der Entwicklung zu berücksichtigen und zu prüfen.
- Über eine internationale Sprachprüfung waren sämtlich Produktnamen auf eventuelle negative Entsprechungen oder Assoziationen in anderen kulturellen Räumen abzufragen.
- Im gleichen Zuge durchliefen alle relevanten Namensvorschläge eine patentrechtliche Prüfung.

Unter Berücksichtigung dieser Vorgaben wurde ein verbindliches Anforderungsprofil für das Corporate Wording im Produktbereich formuliert. Die konsequente Durchführung dieser Systematik schaffte einen markenspezifischen Gesamtcharakter, der die Qualitäten der Heidelberg-Produkte im Einzelnen erfasst und die Systemkompetenz unterstützt.

Durch die Entwicklung eines Namenssystems, das sich an dieser Vorgehensweise orientierte, wurde die Wandlung der Firma Heidelberg vom Produkt- zum Lösungsanbieter zusätzlich herausgestellt und visualisiert: Nicht mehr das Einzelprodukt steht jetzt im Mittelpunkt und wird mit einem individuellen Namen belegt, sondern seine Zugehörigkeit zu einer Systemfamilie, damit wird seine Modularität und Flexibilität betont.

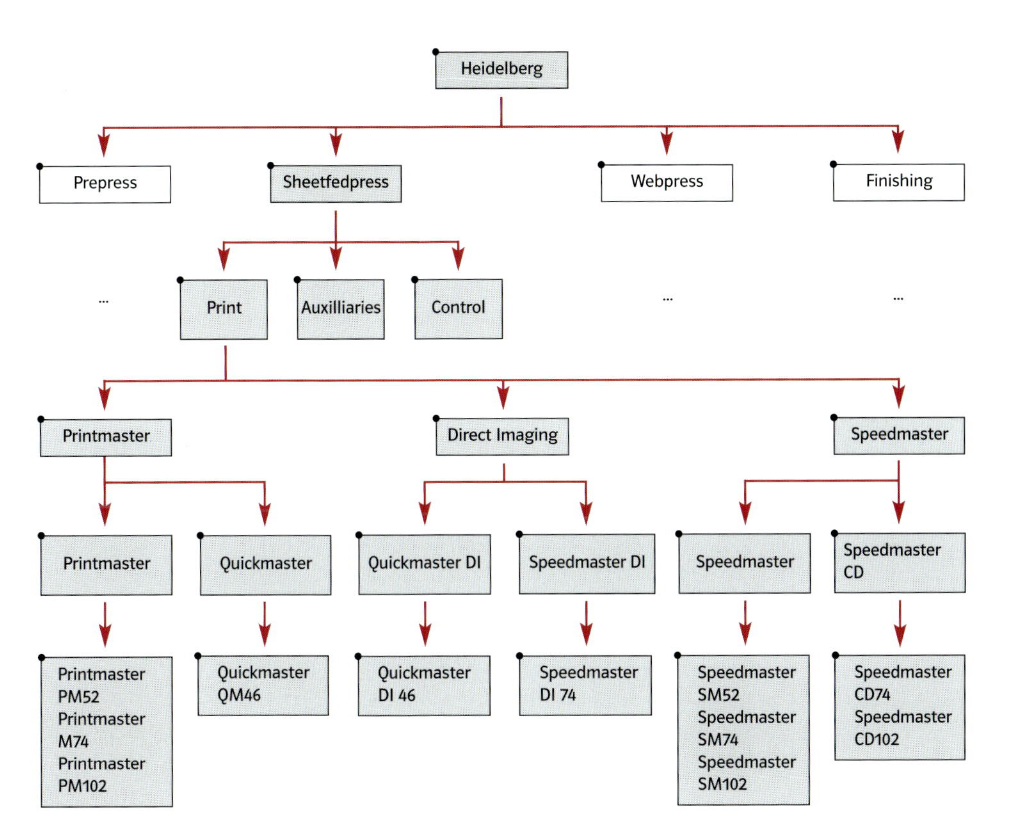

Das Corporate-Industrial-Design-Manual

Die Vereinheitlichung und Systematisierung der Produktnamen in Zuge der Corporate-Wording-Strategie unterstützt den markenspezifischen Gesamtcharakter der Gruppe.

Im Verlauf des AXIS-Projekts wurden die strukturellen Grundlagen für das Corporate-Industrial-Design-Manual der Heidelberg-Gruppe gelegt. In diesem Manual wurden die maßgebenden Aspekte der im Prozess gewonnenen Erkenntnisse, wie z. B. Aussagen über den «produktsemantischen Raum», zusammengeführt und verbindlich festgelegt.

Das Manual stellt für alle zukünftigen Produktentwicklungen ein wichtiges Hilfsmittel dar, um Prägnanz und Kontinuität im Produktauftritt zu garantieren. Es bildet den Rahmen für jede kreative Gestaltungsleistung am Produkt und soll die Arbeit der am Produktentscheidungsprozess Beteiligten entscheidend erleichtern.

Die im Manual dokumentierten Corporate Industrial Design Grundsätze sind die übergreifenden Richtlinien für Designkonzeptionen. Die Umsetzung dieser Gestaltungsgrundsätze gewährleistet, dass alle Heidelberg-Produkte trotz unterschiedlicher Anforderungen und Funktionsweisen eine einheitliche Produktbotschaft transportieren und das Unternehmensleitbild visualisieren.

Der Schritt in die Öffentlichkeit: Präsentation der Ergebnisse auf der drupa 2000

Auf der größten Messe der Branche, der nur im vier- bis fünfjährigen Abstand stattfindenden drupa, präsentierte sich das Unternehmen im Mai 2000 erstmals als Lösungsanbieter mit dem neuen, gruppeneinheitlichen Corporate Industrial Design den Kunden und der Öffentlichkeit.

Mit diesem Messeauftritt konnte die Heidelberg-Gruppe den Schritt zum global agierenden Player im Markt der modernen Drucklösungen erfolgreich kommunizieren. Es war unmissverständlich zu erkennen, dass es das Ziel des Unternehmens ist, die Zukunft der grafischen Industrie federführend zu gestalten. Hier erlebten die realisierten Leitprodukte als besondere Highlights ihre Premiere:

Das hochwertige Design wird getragen von den neuen Farbklängen und einer funktionalen, auf die Anwenderbedürfnisse zugeschnittenen Produktgestaltung, die sich leitmotivisch durch die 780 qm Ausstellungsfläche ziehen. Die Wirkung ist modern, aber nicht modisch. Die entwickelten Designelemente schaffen eine hohe ästhetische Qualität, Funktionalität und Wiedererkennung. Klare geometrische Formen der Produktarchitektur, gespannte Elemente sowie abgerundete Kanten und gliedernde Linien stehen für die neuen Markenwerte Heidelbergs: «Nähe, Stärke, Vertrauen».

Durch das neue gruppeneinheitliche Industrial Design präsentierte sich Heidelberg zur drupa 2000 nicht nur als Marktführer im Technologie-Bereich der grafischen Industrie, sondern setzte auch im Produktdesign für Investitionsgüter völlig neue Maßstäbe.

Das Ergebnis: Heidelberg präsentiert sich auf der bedeutendsten Messe für die Druckindustrie drupa 2000 in Düsseldorf im neuen Gesicht.

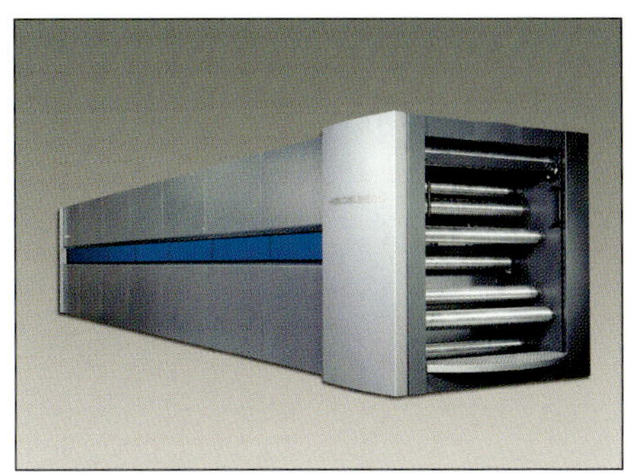

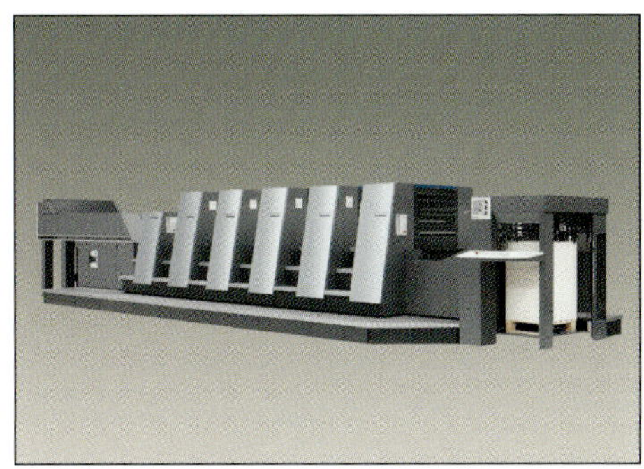

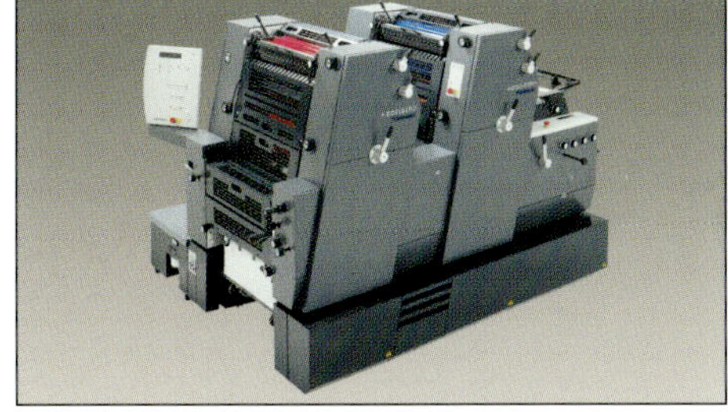

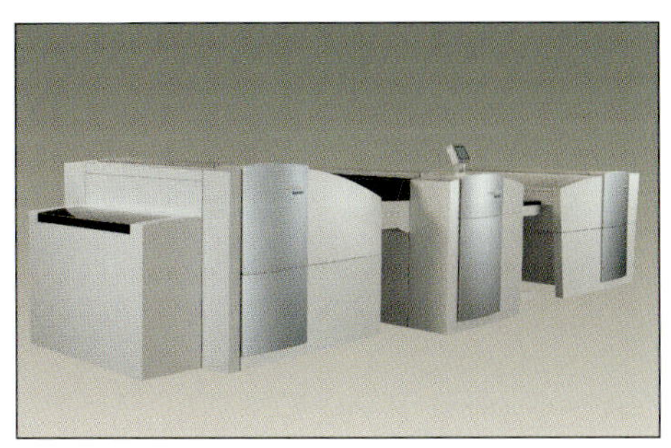

Die Überprüfung, Aktualisierung und Weiterentwicklung der Strategie

Da die drupa die weltgrößte Messe in der Druck-Branche ist, und eine Vielzahl internationaler Kunden sowie der gesamte internationale Wettbewerb von Heidelberg erwartet wurden, erschien es sinnvoll, diesen Termin gleichzeitig dazu zu nutzen, die Positionierung und das damit verbundene Produktdesign der Heidelberger Druckmaschinen AG zu überprüfen und die weitere Richtung zu bestimmen. Seit dem Startschuss des AXIS-Projekts waren bereits vier Jahre vergangen und man konnte beim Messebesuch den Eindruck gewinnen, dass sich auch andere Aussteller mehr denn je mit der Gestaltung ihrer Produkte auseinander gesetzt hatten.

Anlässlich der drupa 2000 bot sich also die Chance, unmittelbar im Markt abzufragen, wie Kunden und potenzielle Kunden die Entwicklungen im Produktdesign und auch im Corporate Wording von Heidelberg aufnehmen und in welchen Bereichen gegebenenfalls Anpassungen notwendig sind.

Ebenfalls konnte hier erfasst werden, welche zukünftige Designausrichtung sich bei den einzelnen internationalen Wettbewerbern bereits abzeichneten und welche erweiterten Erkenntnisse es gibt, um die vier definierten Zielgruppentypologien auf einen aktualisierten Stand zu bringen, zu visualisieren und die einzelnen Arbeitswelten und damit verbundenen Wertehaltungen zu detaillieren.

Um all diese Fragen zu beantworten, wurde während der drupa 2000 erneut eine Produkt-, Marken- und Wettbewerbsanalyse für Heidelberg durchgeführt. Eine Trendexploration in relevanten Kontextwelten gab zusätzlich Auskunft darüber, in welchen zukunftsweisenden Spielräumen sich das Produktdesign benachbarter Branchen bewegt.

Die im Zuge des AXIS-Projekts gewonnenen Erkenntnisse beschreiben nunmehr den Handlungsspielraum für die Heidelberger Druckmaschinen AG und stellen die zentrale Grundlage für die zukünftige Arbeit im Produktdesign dar. Durch kontinuierliche Aktualisierung und Ausweitung des im Projekt definierten Designkorridors bleibt gleichfalls eine langfristige strategische Ausrichtung gewährleistet. Die entwickelte Strategie ist richtungsweisend für die Übertragung und sukzessive Umsetzung in weiteren Feldern des Designs bei Heidelberg.

Die Dynamiken des Kommunikationszeitalters bestimmen heute mehr denn je das Up oder Down einer Branche. Höchste Ansprüche, nicht nur an Aktualität und Flexibilität, sondern auch an die visionäre Kraft, sind nach wie vor Schiedskriterien, anhand derer ein Unternehmen im Markt bewertet wird.

Die ganzheitliche Herangehensweise und grundsätzliche strategische Ausrichtung bei der Produktgestaltung von Heidelberg wird auch zukünftig dazu beitragen können, die starke Position der Gruppe – nicht nur als weltweiter Marktführer, sondern auch als weltweiter Innovationsführer – zu stützen und über das Design ganz im Sinne der Unternehmensziele erfolgreich im Markt zu kommunizieren.

Product Branding – Von der Marke zum Produkt

Inhalt

Vita

Der diplomierte Industrie-Designer und Kommunikationswirt Tobias Staehle, Jahrgang 1971, war während seiner dreijährigen Tätigkeit bei design.net zuletzt für das Geschäftsfeld «Domestic Appliances» und dort u. a. für die Kunden Rowenta, Miele, Imperial und Hilti verantwortlich. Nach dem Wechsel zur Wella AG im April 2000 arbeitet Tobias Staehle jetzt als Senior Product Manager im internationalen Marketing der Sparte Professional.

Franz Alban Stützer, Jahrgang. 1942, studierte angewandte Kunst an der staatlichen Akademie für bildende Künste in Stuttgart, Lehrstuhl für Produktgestaltung. Ab 1967 Mitarbeiter im Rowenta Design-Team, 1971 stellv. Leiter und ab 1973 Leiter der Design-Abteilung. Von 1985 an Chef-Designer und Prokurist der Rowenta-Werke GmbH und von 1988 bis 2000 Direktor der Design-Abteilung Corporate Design Rowenta innerhalb der Groupe SEB mit Sitz in Ecully, Frankreich.

Das Beispiel Rowenta

Mit seiner breiten Angebotspalette zählt Rowenta gegenwärtig zu den bekanntesten deutschen Herstellern von Haushaltsgeräten. Das Produkt-Portfolio der Marke Rowenta unterteilt sich derzeit in acht Kategorien: Linen Care, Home Cleaning, Home Comfort, Personal Care, Cookware, Electrical Cooking, Food Preparation und Beverage Preparation. Seit einigen Jahren zählt das ursprünglich rein deutsche Unternehmen zur französischen SEB Group mit Sitz in Lyon. Dieser Konzern besitzt selbst ein sehr umfangreiches globales Marken-Portfolio. Unter seinem Dach versammeln sich andere Haushaltsgeräte-Hersteller wie zum Beispiel die Firma Tefal, die teilweise ein ähnliches Produktprogramm aufweist. Diese Tatsache war der Anlass dafür, Maßnahmen zur Differenzierung beider Sortimente auf dem Markt einzuleiten und ein eigenständiges Product Branding von Rowenta im Rahmen der Gruppenstrategie zu entwickeln.

Es gab allerdings noch weitere Aspekte, die einen solchen Schritt notwendig erscheinen ließen. Das Management der SEB-Gruppe hatte die gesamte Struktur des global ausgerichteten Konzerns in einzelne strategische Geschäftsfelder unterteilt und seine Produktionsstätten weitgehend dezentralisiert. Eine Fabrik in Erbach, die zur SEB-Gruppe gehört, war beispielsweise für die Entwicklung und Herstellung von Bügeleisen und Mundhygiene verantwortlich, im französischen Vernon hingegen verließen ausschließlich Staubsauger die Werkshallen.

Die Ausnutzung von Skaleneffekten reduzierte die Herstellungskosten; ein nachteiliger Effekt war, dass Haushaltsgeräte, die sowohl Rowenta als auch Tefal im Programm führten, fast baugleich hergestellt wurden, was die Möglichkeiten zur Markendifferenzierung stark einschränkte. Außerdem hatte diese Strategie ein Rowenta-Sortiment zur Konsequenz, das ein heterogenes Produktdesign aufwies, da die einzelnen Produkte an unterschiedlichen Orten weitgehend unabhängig voneinander entwickelt wurden. Gleichzeitig führten die zunehmende Ausdifferenzierung der Produktlinien auf dem Haushaltsgeräte-Markt und die Suche nach immer neuen Unterscheidungsmerkmalen in diesem Bereich zu einem steigenden Prägnanzverlust der Rowenta-Designsprache. Der vor allem durch Aktions- und Niedrigpreislinien ausgelöste Druck, der auf die traditionell mit Werten wie Qualität, Langlebigkeit und Präzision identifizierte Marke Rowenta durch den Handel ausgeübt wurde, und die starke Fragmentierung klassischer Käufergruppen, erschwerten zusätzlich sachliche Entscheidungen im Gestaltungsprozess. All dies drohte zu einem Verlust der Kernwerte der Marke zu führen.

Die gesamte Product-Branding-Strategie baut auf drei unterschiedlichen hierachischen Analyse- und Bewertungsebenen auf:
Das elementare Bewertungskriterium aller Branding-Elemente (Farbe, Form, Produktgrafik, Material) ist die uneingeschränkte Passung zur Markenidentität im Sinne des angestrebten Markenimages (Corporate-Fit). Es folgen die Anpassung der Produktidentität auf den Gebrauchskontext (Context-Fit) und der Designidentität auf die ästhetischen Präferenzen der Kunden (Trend-Fit). Gleichzeitig werden Marken-, Produkt- und Designidentität vertikal durch eine übergreifende Strategie untrennbar miteinander verschmolzen.

Vier Zielvorgaben für ein neues Product Branding

Die Analyse dieser Entwicklungen führte bei Rowenta zu einer strategischen Neuorientierung: Es galt, ein einheitliches, klar definiertes Product Branding zu entwickeln, das die markenspezifische Harmonisierung und Aktualisierung des gesamten Produktprogramms zum Inhalt haben sollte. Bei der Realisierung dieses Vorhabens orientierten sich die Verantwortlichen in den Bereichen Marketing und Entwicklung des Haushaltsgeräte-Herstellers an vier genau bestimmten Zielvorgaben.

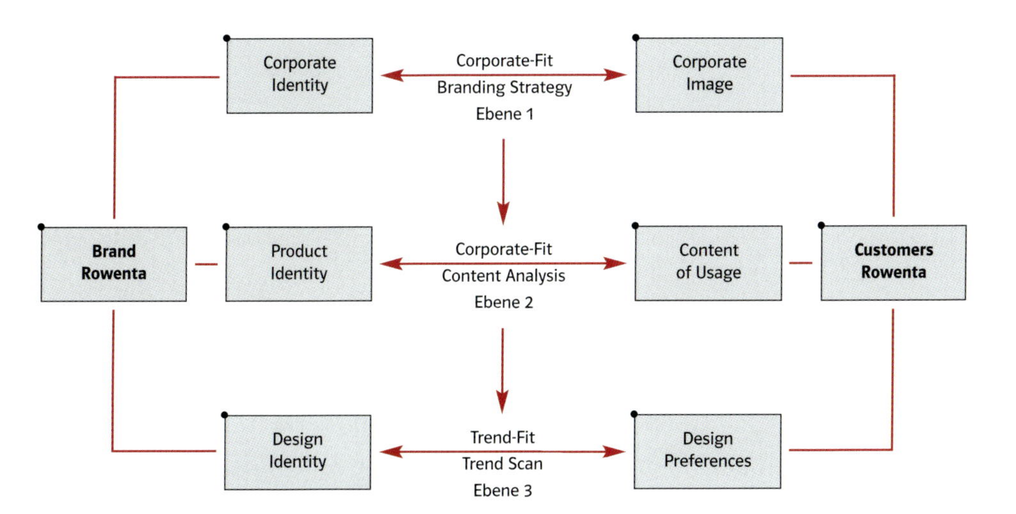

1. Die relevanten Markenwerte von Rowenta lassen sich konsequent nur über die Gestaltung kommunizieren:

Dazu bedurfte es im Einzelnen der Entwicklung von produktübergreifenden und ständig wiederkehrenden ästhetischen Gestaltungsmerkmalen, die in direktem Bezug zur Markenbotschaft (zum Beispiel «Timeless & Solid») stehen.

2. Die kundenspezifische Erwartungshaltung gegenüber dem Produkt entscheidet über die ästhetische Akzeptanz:

Kaufentscheidungen von Kunden finden in einem bestimmten Kontext statt, zu dem Anlass und Motiv für den Erwerb eines Produktes oder sein Verwendungszweck zählen. Diese Aspekte generieren eine bestimmte Erwartungshaltung beim Konsumenten: Mit einer Munddusche werden beispielsweise Werte wie Hygiene und Reinheit verbunden. Diese Erwartungshaltung wiederum sollte sich visuell in den spezifischen Gestaltungsmerkmalen der Rowenta-Produkte widerspiegeln.

3. Zur Marke Rowenta passen nur bestimmte Trends. Sie müssen in der Gestaltung jedes einzelnen Produkts berücksichtigt werden:

Nach der Identifikation und Bewertung aktueller Markt- und Designentwicklungen wurde bei Rowenta zunächst über einen Kontextfilter festgelegt, welche Trends der eigenen Marke angemessen erschienen. Sie sollten anschließend verbindlich in die Produktgestaltung eingehen.

4. Bei der Suche nach einer markenspezifischen Produktsprache werden vor allem solche Gestaltungselemente bevorzugt, die der Markt bisher noch nicht besetzt hat und die die eigene Markenpositionierung untermauern:

Durch die Wahl von Form, Farbe, Material und Typografie sollte eine eigenständige, konsistente und prägnante Produktsprache geschaffen werden. Sie sollte von vornherein zur Abgrenzung der Marke Rowenta vom Produktprogramm der übrigen Wettbewerber auf dem Haushaltsgeräte-Markt beitragen. Vor allem war hier eine deutliche Konturierung der eigenen Position gegenüber der Schwestermarke Tefal geboten.

Zur Methode: Von der Analyse zur Entscheidungsfindung

Aus den gerade genannten Grundsätzen ergab sich in einem nächsten Schritt die Vorgabe für die Gestaltung, die in der Programmentwicklung für sämtliche acht Produktgruppen installiert wurde. Sie betrafen im Einzelnen die Bereiche Farbcodierung, Produkttypografie beziehungsweise Produktgrafik (Schriftschnitt und -position) sowie Materialwahl und Oberflächen-Finishing. Um alle maßgeblich Verantwortlichen des Unternehmens in diesen Prozess einbinden zu können, wurde für die neue Rowenta-

Farbstrategie exemplarisch ein Projektzeitplan erstellt, der verschiedene Stufen von der Analyse bis zur endgültigen Entscheidungsfindung enthielt.

Die erste Phase dieses Projekts bestand aus insgesamt vier Untersuchungen: einer Analyse der bisherigen Kernwerte der Marke Rowenta, einer Wettbewerbsanalyse, einer Untersuchung zu aktuellen Designtrends und einer Analyse zu funktionalen, kulturellen und farbpsychologischen Aspekten. Die Auswertung der Analyseergebnisse diente dazu, die im eigenen Hause entwickelte Produktsprache zu aktualisieren und so eine größtmögliche Deckung von Marken-, Trend- und Zielgruppenästhetik zu erreichen.

Empfehlungen und Vorgaben für das neue Product Design

In den folgenden Abschnitten wird nun der Frage nachgangen, wie aus der Markenstrategie bei Rowenta konkrete Vorgaben und Empfehlungen für die drei genannten Bereiche Farbcodierung, Produkttypografie und Materialwahl entwickelt wurden. Die den Text begleitenden Grafiken und Abbildungen dienen der Illustration und zeigen in einigen Fällen konkrete Anwendungsbeispiele.

Farbstrategie

Zunächst wurde das gesamte Rowenta-Sortiment innerhalb der am Anfang genannten acht Produktgruppen in drei nach Qualitäts- und Preisgesichtspunkten unterschiedene Kategorien aufgeteilt. Dieser Entscheidung lag die Erkenntnis zu Grunde, dass verschiedene Produktlinien in ihrer Bedeutung für den Umsatz deutlich variieren. Zudem erleichterte eine solche Aufteilung die Planung innerhalb der Projektphase. Es entstand ein Arbeitsraster, dessen Kategorien im Einzelnen lauteten:

- Aktionsprodukte (A-Klasse): Schnelllebige Produkte im Preissegment der unteren Mittelklasse.
- Kernprodukte (B-Klasse): So genannte Linienprodukte im Preissegment der Mittelklasse bis oberen Mittelklasse.
- Imageträger (C-Klasse): In der oberen Preisklasse angesiedelte Produkte mit den Attributen «leistungsstark» und «premium».

Am Anfang wurden vier als repräsentativ für die Marke Rowenta geltende Produktlinien zur Erprobung der neuen Farbstrategie ausgesucht: Kaffeeautomaten, Toaster, Bügeleisen und Wasserkocher (Kettles). Damit trug man der Tatsache unterschiedlicher Produktlebensphasen Rechnung: Das bestehende Programm konnte in seiner Gesamtheit nicht einfach vom Markt genommen werden, neue Produkte sollten es nur schrittweise ersetzen und erweitern. Dabei mussten die Entscheidungen für neue Farben unter anderem auch auf die herkömmliche, bisher in der Gestaltung benutzte Farbpalette abgestimmt werden. Zu große Diskrepanzen hätten hier zu Irritationen beim Kunden führen können.

Leitlinie für die verschiedenen Untersuchungen zur Entwicklung einer eigenen Markenbotschaft, zur Analyse der Farbstrategien der Wettbewerber, zum Kundenverhalten und zur Darstellung von aktuellen Designtrends war jeweils ein spezifischer Fragenkatalog. Erst nach seiner Beantwortung konnten die entsprechenden Kernforderungen an die konkrete Farbstrategie bei Rowenta aufgestellt werden.

Konkurrenzanalyse

Alle wichtigen Wettbewerber, vornehmlich jedoch die Marke Tefal, wurden auf ihre Produktfarbgebung hin untersucht. Die gestellten Fragen lauteten:
- Welche Farben sind bei den Wettbewerbern im Sortiment?
- Welche farbliche Entwicklung hat das Sortiment der Wettbewerber durchlaufen?
- Was sind die von den Wettbewerbern genutzten Standardfarben? Welche Trend- und Aktionsfarben verwenden sie?
- Welche Strategie liegt der Farbauswahl bei den Wettbewerbern vermutlich zu Grunde?
- Wie stark wird der Faktor Farbe bei den Wettbewerbern in ihre Produkt- und Markenkommunikation eingebunden?

Trendanalyse und Analyse des Käuferverhalten

Diese Untersuchung versuchte möglichst exakt alle aktuellen, breitenwirksamen gestaltungsrelevanten Trends auf dem Markt zu ermitteln und dabei auch die sich verändernden Wahrnehmungsmuster bei Kunden und Konsumenten mit einzubeziehen. Aus dieser Aufgabenstellung ergaben sich die folgenden Fragen:
- Wie ist die farbliche Gesamtsituation des Marktes?
- Wird Farbe bewusst als Differenzierungsfaktor zwischen einzelnen Marken benutzt?

- Welche Marken differenzieren sich über den Faktor Farbe?
- Welche Farben sind schon eindeutig mit einer bestimmten Marke verbunden?
- Wird durch die Farbgebung für einzelne Marken ein bestimmtes Image kommuniziert?
- Welche Farbtrends sind zur Zeit der Untersuchung auf dem Markt erkennbar?

Untersuchung zur eigenen Produkt- und Designplanung

Auch die für Rowenta bisher gültigen Markenwerte und ihre Beziehung zur neu zu wählenden Farbstrategie wurden einer eingehenden Analyse unterzogen. Dabei spielten folgende Aspekte eine Rolle:
- Welches Image möchte Rowenta kommunizieren?
- Korrespondiert dieser Anspruch an das Image mit der Entwicklung des Marktes und den aktuellen Trends?
- Welche Farben beziehungsweise Farbkombinationen eignen sich am besten für die Kommunikation des neuen Rowenta-Images?
- Sind die gewählten Farben in Bezug auf eine erfolgreiche Differenzierung gegenüber anderen Marken sinnvoll?

Ein Bestandteil aller drei Untersuchungen war schließlich die Definition einer Reihe von allgemeinen Faktoren, die die Entwicklung der neuen Farbstrategie bestimmen sollten. Ihre Bedeutung ergab sich in Hinsicht auf:
- die Kommunikation eines klaren Markenfarbauftritts,
- die Integration des Faktors Farbe in die Markenidentität,
- die Integration des Faktors Farbe in die Produktidentität,
- eine qualitativ möglichst hochwertige Farbaussage,
- eine relative Langlebigkeit der Farbaussage und
- die gewünschte Aktualität der Farbaussage.

Farbe als Kommunikator zwischen Marke, Produkt und Kunde

Nach Abschluss der Analysephase konnten im Folgenden einige wichtige allgemeine Kriterien für die Festlegung einer Farbstrategie formuliert werden. Die Auflistung sämtlicher bisheriger Markenattribute (Timeless, Classy etc.) ergab so zum Beispiel die Festlegung eines grundlegenden Farbklimas über bestimmte Analogien (etwa typisch «klassisch»).

«Klassische Produktanmutung»:
Die Visualisierung von relevanten Markenattributen wie z. B. «Klassisch» lässt sich über die Darstellung einer archetypischen Ästhetik zeitloser Produkte veranschaulichen. Es geht hierbei im Kern darum, die wiederkehrenden und somit entscheidenden Gestaltungsmerkmale «Klassischer Produkte» zu identifizieren und in einen visuellen Handlungsrahmen zu überführen.

Farbe als starker und prägender Eindruck in der Produktwahrnehmung sollte bestimmte Werte kenntlich machen, die die Identität der Marke Rowenta verkörpern. Mit einem geschlossenen Markenauftritt sollte so dem Kunden die Orientierung erleichtert werden.

Ein ähnliches Vorgehen bot sich an, um über das Design den zuvor ermittelten Kauf- und Verwendungsmotiven der Konsumenten besser entsprechen zu können. Maßgeblich waren hier die durch emotionale, kulturelle und funktionale Faktoren bedingten Assoziationen, die Kunden bei der Wahrnehmung eines Produktes reflektieren. Ihnen sollten die für das Rowenta-Sortiment gewählten Farbwelten entsprechen. Die Vorgaben basierten auf der Visualisierung von so genannten Referenzästhetiken oder Produktkontexten: Die Farbwahl für ein Körperpflegeprodukt sollte einer typischen Badästhetik entsprechen und aktuelle, breitenwirksame Trends in der Gestaltung von Badezimmeraccessoires integrieren.

Farben erfahren über die Einbindung in Gebrauchskontexte eine Aufladung mit typischen, der Produktverwendung assoziierten Werten (z. B. Kontext Bad: Reinheit, Weichheit, Klarheit etc.). Innerhalb dieser stereotypen Farbklimata lassen sich jedoch hinsichtlich Sättigung und Helligkeit subtile Trendpotenziale feststellen, die eine Differenzierung ermöglichen.

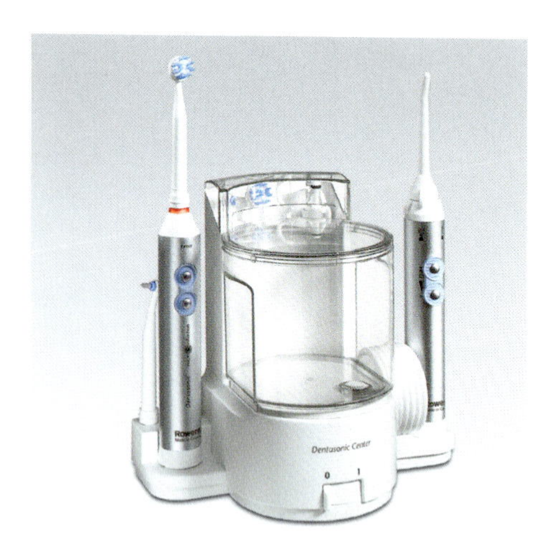

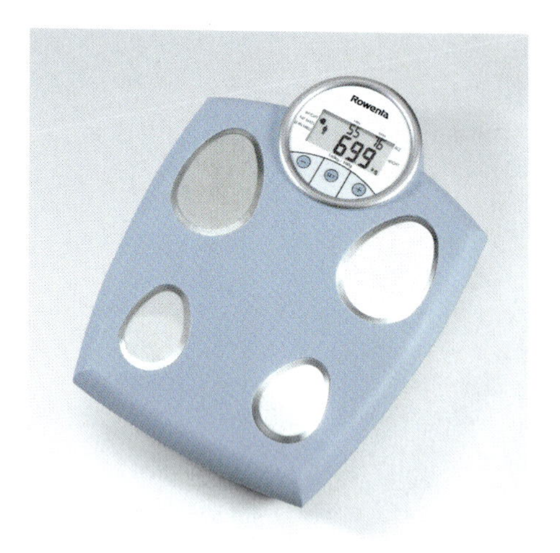

Beispiele aus dem Produktbereich Personal Care

Indem schließlich eine deutliche Abgrenzung gegenüber dem aktuellen Farbportfolio der SEB-Gruppe und der Wettbewerber erfolgte, konnte für das Rowenta-Sortiment im Bereich der Farbgebung eine eigenständige Design-Sprache entwickelt werden, die wiederum zu einem hohen Wiedererkennungseffekt bei Handel und Kunden beitrug. Farbe sollte also als visuelle Klammer dienen, die der Marke Rowenta Individualität verlieh und sie erkennbar von anderen auf dem Markt auftretenden Marken abhob.

Reduktion der Farbvielfalt und Konzentration auf Kernbotschaften

Eine Bestandsaufnahme des bis zur Entwicklung einer neuen Markenstrategie bei Rowenta gültigen Farbspektrums hatte mehr als 200 verschiedene Farben ergeben, die für unterschiedlichste Produkte und Produktlinien verwendet wurden. Diese außergewöhnliche Vielfalt erwies sich für die Umsetzung neuer Gestaltungsprinzipien als hinderlich. Somit konnte ein entscheidendes Prinzip einer neuen Farbstrategie nur Reduktion der Vielfalt und Konzentration auf klare Kernbotschaften heißen. Die Eingrenzung des möglichen Spektrums orientierte sich jedoch nicht an flüchtigen, schnelllebigen Trends, sondern an grundsätzlichen Farbwirkungen, die entsprechend der Bedetung einzelner Produkte nuanciert werden sollten.

Um strategisch relevante Farbtrends zu identifizieren, muss eine gewisse Beständigkeit gewährleistet sein, um nicht Gefahr zu laufen, bei Produkteinführung auf die Trends von gestern gesetzt zu haben. Wenn Farben Teil eines grundsätzlichen Lebensstils wie z. B. in der «Ethnobewegung» sind, verbindet sich Farbe und Material zu einem Lebensgefühl, das im Grundtenor unabhängig von modischen und saisonalen Zyklen dauerhaft existieren kann.

Zwei wichtige Prinzipien hießen hier Qualität und Langlebigkeit. Sie äußerten sich in der Gestaltung durch eine klare und vor allem beständige farbliche Aussage, die dem Kunden Sicherheit und Orientierung bieten sollte. Eine Verdichtung und Konzentration der für die Marke maßgeblichen Farbpalette versprach man sich weiterhin von der genauen Festlegung entsprechender Referenzästhetiken beziehungsweise Produktkontexte (s.o.). Insgesamt wurde im Bereich der Farbgebung jedoch für die spätere Umsetzung im Design kein minuziöses Reglement erstellt, das exakte Vorgaben etwa für einzelne Produkte enthalten hätte. Stattdessen wurde ein allgemeiner Rahmen festgelegt, der vor allem auf marken- und kontextspezifische Farbzusammenhänge Wert legte.

Die Farben innerhalb der drei Qualitäts- und Preisklassen

Mit der unterschiedlichen Farbgebung in der A-, B- und C-Klasse bekamen die Verantwortlichen bei Rowenta ein Instrument zur sortimentspolitischen Differenzierung an die Hand. Subtil-Farbabstufungen und der Einsatz von Metalloberflächen in der C-Klasse, also bei den so genannten Premiumprodukten, sollten so vor allem hohe Qualität und Präzision ausdrücken.

Produkte der C Klasse im Bereich «Breakfast»

Primär- und Akzentfarben wurden hier vermieden. Bei den Kernprodukten der B-Klasse orientierte man sich deutlich an den Farbkontexten, in denen diese Produkte zum Einsatz kommen: Die Farbgebung für einen Toaster musste hier also so gewählt sein, dass sie sich in das Umfeld «Küche» beziehungsweise «Frühstückstisch» einpassen konnte.

Für die A-Klasse, die im Wesentlichen durch Impulskäufe geprägte Produkte umfasst, griff man neben der Standardfarbe Weiß vor allem auf kontext- und trendbezogene Farben zurück.

In einem letzten Schritt wurden unmittelbar nach der Implementierung der neuen Farbstrategie auch Maßnahmen für die Zukunft geplant. Um Markenimage und Farbwahl permanent aufeinander abzustimmen, gibt Rowenta seitdem jedes Jahr international Untersuchungen in Auftrag. Diese sollen kontinuierlich für Rowenta relevante Farbtrends ermitteln und eine Basis für eine zukunftsweisende Farbkonzeption der Marke geben.

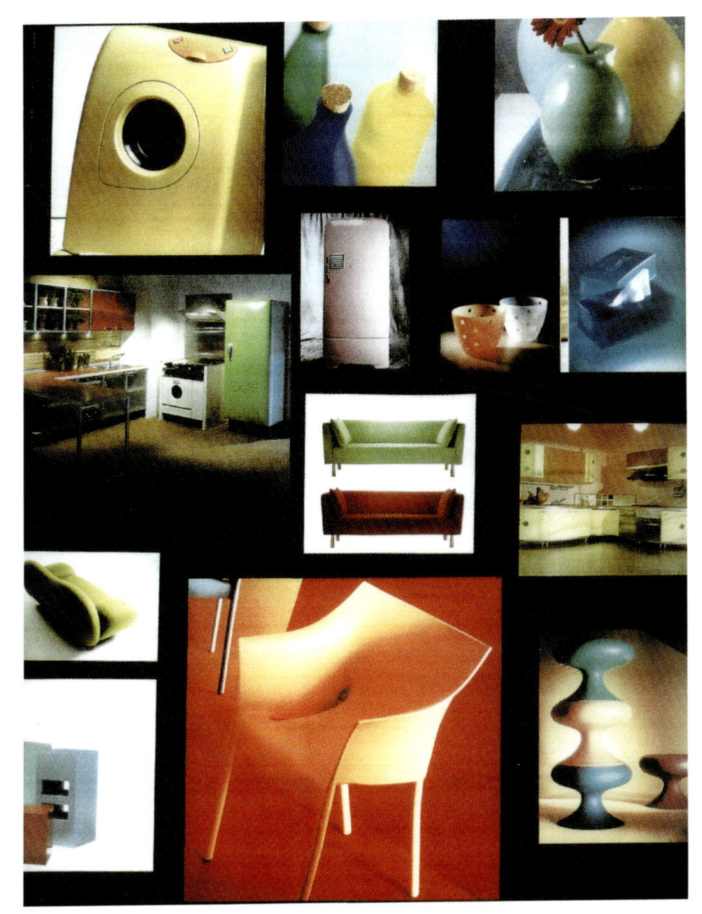

Eine weitere Ebene in der Bewertung von Farbtrends neben der Verbindung zu Lebensstilen bildet die frühzeitige und produktübergreifende Verbreitung bestimmter Farbtöne oder Farbreihen. Das heißt konkret, wenn bei Produkten mit geringem Kaufrisiko (Accessoires, Dekoartikel etc.) parallel widerkehrende Farbtöne identifiziert werden, ist die Wahrscheinlichkeit einer Übertragung auch auf hochwertige Gebrauchsgüter (Möbel, Haushaltsgeräte etc.) relativ gegeben.

Produkttypografie und Produktgrafik

Das zweite wichtige Element im Rahmen einer neuen Markenstrategie bei Rowenta war die Produktgrafik. Hier mussten Entscheidungen in Hinsicht auf Größe, Farbe, Position und gegenseitige Zuordnung von Logo und Produktname sowie der funktionalen Grafik (Skalierung) getroffen werden. Da die Farbe der Typografie abhängig von der Produktfarbe ist, konnten entsprechende Festlegungen selbstverständlich nur in direktem Bezug zur Farbstrategie erfolgen.

Bevor es zur Umsetzung konkreter Gestaltungsrichtlinien in diesem Bereich kommen konnte, mussten zunächst auch hier die wichtigsten Anforderungen formuliert werden, die die Produkttypografie im Rahmen der übergreifenden Markenstrategie von Rowenta zu erfüllen hatte. Ihnen lagen wiederum grundsätzliche wahrnehmungspsychologische beziehungsweise verkaufsstrategische Überlegungen zur Funktion von Schrift und grafischen Symbolen als Informationsträgern und ihrer ästhetischen Bedeutung zu Grunde.

Information und ästhetische Wirkung: Die Bedeutung von Schrift und grafischem Symbol

Produkte werden durch Schrift und grafische Symbole «markiert», um damit beim Kunden ein Gefühl des Vertrauens in ihre Qualität und Funktionalität auszulösen. Je eindeutiger und prägnanter solche Produktmarkierungen für den Betrachter sind, desto größer ist die Wahrscheinlichkeit, dass er das Angebot einer bestimmten Marke wahrnimmt. Da aber nicht allein das einzelne Produkt, sondern die Gesamtheit einer Reihe von ständig wiederkehrenden Signalen (Farben, Grafik, Typografie, Packaging etc.) für die Markenwahrnehmung entscheidend ist, gilt es zunächst, in einer so genannten «Branding Guideline» die grundlegende Ausrichtung aller Markierungselemente auf dem Produkt und ihr Verhältnis zueinander zu definieren. Die beiden wichtigsten Elemente sind dabei der Markenname, der einen allgemeinen Herkunfts- und Qualitätsnachweis erbringt, und der eigentliche Produktname. Ergänzt werden sie durch zusätzliche Informationen, die den Wert des Produkts in den Augen des Kunden steigern sollen.

Der Name verleiht dem Produkt seine Identität und hebt damit das Angebot einer Marke von dem ihrer Wettbewerber ab. Technische Angaben und Informationen über die Leistung eines bestimmten Haushaltsgeräts ermöglichen es dem Kunden, unterschiedliche Produkteigenschaften anhand von objektiv nachprüfbaren Daten und Fakten miteinander zu vergleichen und sie zu ihrem Preis in Beziehung zu setzen. Produktmarkierungen sind somit für eine Marke auch ein Mittel der Sortimentspolitik. Unter «zusätzlichen Informationen» sind darüber hinaus auch Bedienungsanleitungen zu verstehen, die über eindeutige Piktogramme oder Zeichen den Gebrauchswert des Produktes steigern und dem Kunden Sicherheit in der Anwendung ermöglichen.

Die zweite wichtige Bedeutung der Produktmarkierung liegt in ihrer ästhetischen Wirkung. Symbole oder Schrift geben der Wahrnehmung eines Produkts eine bestimmte Richtung, sie schaffen eine visuelle Balance und erzeugen gleichzeitig Kontraste. Zu viel Information, deren einzelne Elemente sich in der

Gestaltung nicht voneinander abheben und damit gleichförmig wirken, ermüdet jedoch den Betrachter: Seine Aufmerksamkeit für ein bestimmtes Produkt lässt dann deutlich nach. Insofern bildet die Markierung über Schrift und Symbolik einen entscheidenden Bestandteil der gesamten Produktgestaltung und trägt wesentlich zu einer einheitlichen Markenwahrnehmung bei.

Anforderungen an Produktgrafik und -typografie

Der auf Grund dieser Überlegungen bei Rowenta erstellte Anforderungs-Katalog an Produktgrafik und -typografie bezog sich auf die drei Kategorien «Ergonomie der Wahrnehmung und Benutzung», «Kommunikation der Marke Rowenta» und «Steigerung der Produktwertigkeit» und enthielt im Einzelnen die folgenden Punkte:

Ergonomie der Wahrnehmung und Benutzung:
- Durch die Produktgrafik sollten möglichst eindeutige Informationen vermittelt werden.
- Die verwendeten Symbole und Piktogramme sollten einen möglichst hohen Reduktionsgrad besitzen.
- Die einzelnen Markierungen auf dem Produkt sollten einer klar gegliederten Ordnung folgen.
- Die für den Marken- und Produktnamen sowie die technischen Angaben gewählte Schrift sollte eine möglichst hohe Lesbarkeit besitzen.
- Die Produktgrafik sollte eine Analogie zwischen Produktwahrnehmung und Leserichtung (exklusive Asien) herstellen.

Kommunikation der Marke Rowenta:
- Das Markenlogo sollte integraler Bestandteil der Produktgestaltung sein.
- Die mit Symbolen, Piktogrammen und Schrift vorgenommenen Markierungen auf den Produkten sollten einen möglichst hohen Wiedererkennungswert für die gesamte Marke garantieren.
- Sämtliche grafischen Elemente sollten sich möglichst kohärent in die mit der Markenstrategie verbundene Gestaltungsphilosophie einfügen.

Steigerung der Produktwertigkeit:
- Durch die Gestaltung der grafischen Elemente sollten bei der Wahrnehmung stimulierende Kontraste erzeugt werden.
- Vermieden werden sollte allerdings jeglicher Eindruck von Unruhe und zu großer Spannung. Produktgrafik und -typo-

Die überarbeitete Positionierung und Festlegung der Produktmarkierungen (Logo, Leistungsmerkmale, Piktogramme etc.) wurde in ein Arbeitshandbuch, die Product-Branding-Guideline, übertragen. Wesentliche Angaben zu Schriftgröße, -stil und -schnitt sowie exakte Abstände und Ausrichtungen lassen sich hiermit schnell und eindeutig ablesen. Für jede Produktlinie wurden jeweils ein Referenzprodukt ausgewählt, an dem die Branding-Strategie idealtypisch dargestellt wurde.

grafie sollten also möglichst ein visuelles Gleichgewicht in der Wahrnehmung schaffen.

- Die dem Kunden über die Produktgrafik und -typografie vermittelten Informationen sollten ihm die Anwendung des Produkts erleichtern.
- Besondere Vorteile eines Produkts sollten durch spezielle visuelle Verweise hervorgehoben werden.
- Mit der grafischen Gestaltung sollten die Rowenta-Produkte vom Angebot der Wettbewerber abgehoben werden.

Strategische Empfehlungen an Produktgrafik und -typografie

Ähnlich wie im Bereich der Farbgebung wurden in einem nächsten Schritt nun auch für Produktgrafik und -typografie detaillierte Empfehlungen ausgesprochen, die das an dem Projekt beteiligte Team aus Marketing, Vertrieb und Design in der Entwicklung und Implementierung einer Product-Branding-Strategie umsetzen sollte.

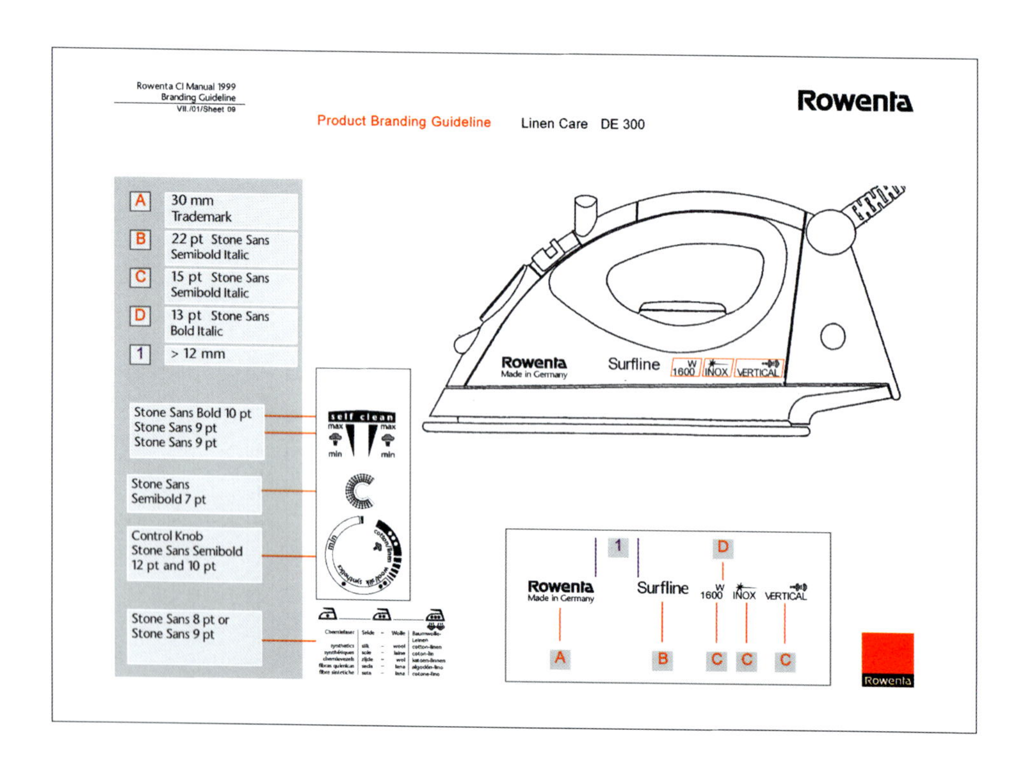

Sie lassen sich wie folgt aufschlüsseln:

- Informationen organisieren und grundlegende Hierarchien bilden

Ähnlich wie bei einem gedruckten Text oder einem Straßenschild werden auch Schrift und Symbole auf Produkten nach einem typischen Schema gelesen. Der Leser, in diesem Fall der Kunde, nimmt aus einer Fülle von Daten und Fakten jedoch nur selektiv wenige Informationen auf: Er trifft also eine bestimmte Auswahl.

Auf diesen Auswahlprozess sollte durch die Art und Weise, wie die Informationen auf den Rowenta-Produkten organisiert wurden, Einfluss genommen werden. Entscheidend war hier die Leserichtung, nach der der Betrachter Produktmarkierungen wahrnimmt (exklusive Asien = andere Leserichtung). Sie folgt im Wesentlichem einer Hierarchie nach dem Schema Top > Down und Left > Right. Analog zu dieser Hierarchie sollten auch die drei Elemente Markenzeichen, Produktname und technische Informationen entsprechend ihrer Bedeutung auf dem Produkt ausgerichtet werden. Als wichtigste Botschaft galt die Trademark Rowenta, gefolgt vom Produktnamen und den technischen Daten. Als zweites ergänzendes Prinzip wurde außerdem festgelegt, alle typografischen Markierungen genau mittig zur vertikalen Achse der Produkte anzubringen.

- Eine neutrale Zone um die Wortmarke Rowenta schaffen

Dem Markennamen Rowenta selbst wurde in der Produktkommunikation eine herausragende Bedeutung zugesprochen. Um ihr gerecht zu werden, galt es, eine genügend große, freie Fläche um die eigentliche Markeninformation herum zu schaffen. Die Wirkung des Schriftzugs «Rowenta» sollte durch keine anderen, direkt benachbarten Informationen beeinflusst werden, er durfte also eine herausgehobene Alleinstellung auf dem Produkt beanspruchen.

Als Orientierungsgröße zur Definition dieser Freifläche wurde die Höhe des «R» im Schriftzug «Rowenta» herangezogen. Sie bezeichnete eine Einheit. Der minimale Abstand des Schriftzuges zu anderen typografischen Elementen sollte mindestens zwei Einheiten betragen. Gleichzeitig wurde ein Mindestabstand zwischen der Freifläche mit dem Markenschriftzug und allen Kanten, Fugen und Bedienelementen des Produkts festgelegt. Damit sollte garantiert werden, dass die Markenbotschaft den Eindruck von Ruhe und Neutralität vermittelte. Aus dem gleichen Grund sollte die Verwendung des Logos auf konischen oder konkaven Flächen vermieden werden, da es hier zu Verzerrungseffekten hätte kommen können.

Eine weitere Empfehlung galt dem Aspekt der Präsentation von Produkten wie Haushaltsgeräten im Groß- und Einzelhandel. Der Kunde trifft hier meistens auf ein oder mehrere Regale, in denen er eine breite Angebotspalette verschiedener Wettbewerber oder auch unterschiedliche Produktlinien einer Marke überschaut. Um ihm in dieser Situation eine möglichst eindeutige Identifizierung mit der Marke Rowenta zu ermöglichen, musste das Logo in exponierter Position auf den Produkten angebracht werden. Es sollte also in einem Sichtfeld frühzeitig wahrnehmbar und jederzeit erkennbar sein.

Produktgrafik am Beispiel der Neueinführung des Staubsaugers «Infinium»

Eine letzte Festlegung betraf schließlich die Schriftgröße des Logos bei mehrteiligen Produkten, deren Komponenten aber auch einzeln verkauft werden können (zum Beispiel Kaffeeautomat und dazugehörige Kaffeekannen). Einerseits sollte der Markenschriftzug hier auf jedem Teil gesondert zu erkennen sein, andererseits musste sich das Kernprodukt (Kaffeeautomat) durch ein deutlich größeres Logo von den übrigen Elementen unterscheiden.

- Zwei zentrale Informationseinheiten bilden

Das Logo mit der es umgebenden freien Fläche wurde als eigenständige, geschlossene Einheit begriffen, die die zentrale Markenbotschaft vermitteln sollte. Darüber hinaus bildeten in der zuvor festgelegten Informationshierarchie der Produktname und die technischen, direkt auf das einzelne Produkt bezogenen Daten eine zweite Einheit. Beide sollten grundsätzlich untereinander angeordnet werden.

Zu ihrer Unterscheidung wurde als zentrale Steuerungsgröße wiederum der Abstand zwischen diesen einzelnen Elementen herangezogen: Der Abstand zwischen Markenschriftzug und Produktname sollte mindestens doppelt so groß sein wie der Zwischenraum zwischen Produktname und Zusatzinformationen. Bei Produkten, die eine Top-Down-Platzierung nicht zuließen (zum Beispiel Haartrockner), sollte die Anordnung von links nach rechts erfolgen und zwar unter Einhaltung der für das Top-Down-Prinzip definierten Abstände.

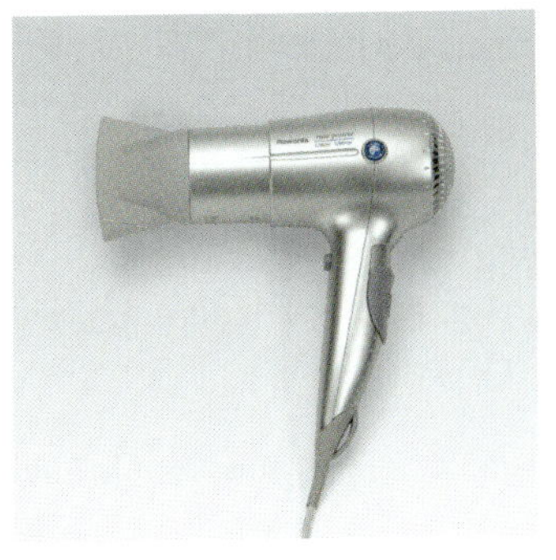

Beispiel Produktgrafik «Haartrockner»

Innerhalb der zweiten Informationseinheit (Produktname und Zusatzinformationen) sollten die einzelnen grafischen Elemente dabei generell zentriert ausgerichtet werden. In bestimmten Fällen, in denen die verfügbare Fläche auch für diese Anordnung nicht ausreichte (Beispiel Bügeleisen) sollten alle Informationen in einer Linie ohne Absatz stehen.

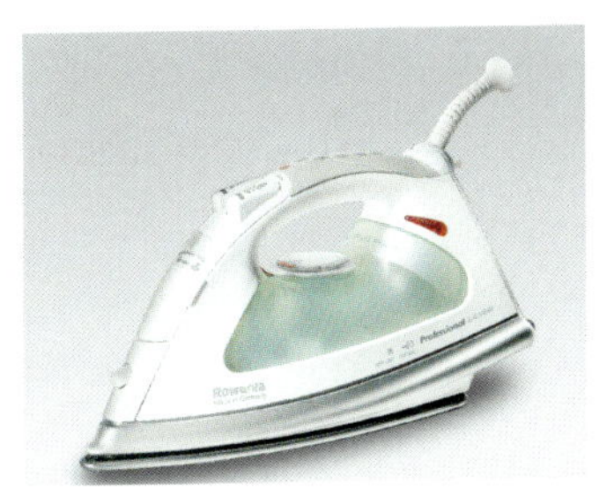

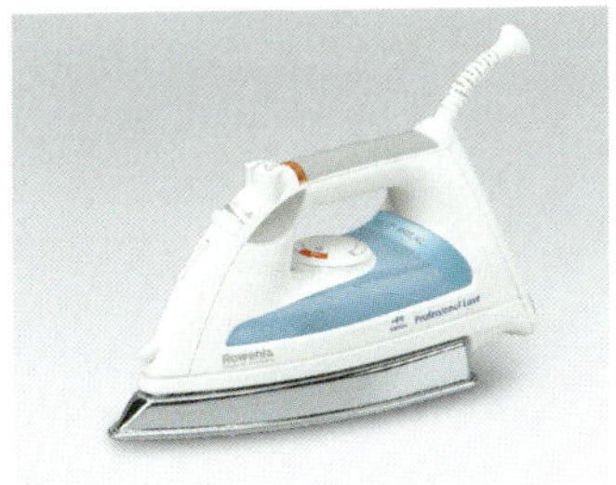

Beispiel Produktgrafik «Bügeleisen»

- Zusammenfassung: Grundprinzipien für die Produktgrafik und -typografie

Die für alle Produktgruppen grundsätzlich anwendbaren Prinzipien in der Produktgrafik und -typografie lauteten also: Das Logo wird innerhalb einer freien Fläche in zentrierter Position «on top» platziert. Darunter stehen in genau definierten Abständen der Produktname und die technischen Angaben zu dem Produkt, die zusätzliche Information über Leistung und Qualität enthalten. Für Produkte, die auf Grund ihrer Gestaltung oder spezifischer Gehäuseeigenschaften eine solche Anordnung nicht zulassen, sind begrenzte Varianten zulässig, die diesen Besonderheiten Rechnung tragen.

Materialwahl und Oberflächen-Finishing

Die Basis für die Entscheidungsfindung bildeten hier die gleichen vier Analysen, die der Entwicklung der Farbstrategie vorangegangen waren. Die einzelnen Fragenkataloge wurden dem Gegenstand entsprechend angepasst. Auch das methodisch Vorgehen war identisch, d. h., die Unterteilung des Rowenta-Sortiments in drei Preis- und Qualitätsklassen und die Auswahl dreier repräsentativer Produkte zur Erprobung der neuen Strategie.

Gestalterische Konstante: «Soft Touch» im Griffbereich: Im alltäglichen Gebrauch werden Haushaltsgeräte mehrfach angefasst und in die Hand genommen. Der Griffbereich stellt also eine «haptische Schnittstelle» zwischen Nutzer und Produkt dar. Indem er bei Rowenta durch den Einsatz von Soft-Touch-Materialien gestaltet wurde, sollte der Eindruck hoher Gebrauchsqualität und sinnlicher Erfahrbarkeit vermittelt werden. Dieses Gestaltungselement wurde als Konstante für das gesamte Sortiment eingeführt. Es war damit ein wichtiger Faktor, um den Wiedererkennungseffekt für die Marke zu erhöhen.

Beispiel Materialität «Softtouch im Griffbereich»

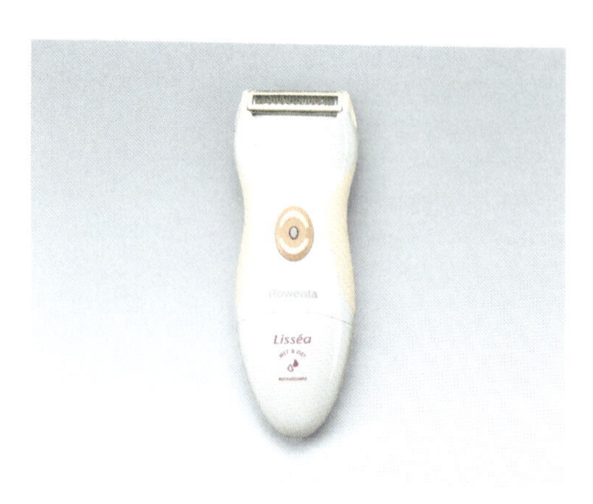

Im Übrigen lehnten sich die für Materialwahl und Oberflächen-Finishing ausgesprochenen Empfehlungen eng an die im Bereich der Farbstrategie getroffenen Festlegungen an. Besonders sei hier noch einmal an den Einsatz von Metalloberflächen für die Premiumprodukte der so genannten C-Klasse erinnert.

Zur Umsetzung: Vom Design Manual bis zur ersten Neueinführung von Produkten

Nachdem sämtliche Vorgaben für die drei Bereiche Farbstrategie, Produktgrafik und Materialwahl ausformuliert waren, wurden sie in einem unternehmensinternen Design Manual veröffentlicht. Dieses Handbuch sollte allen mit Marke und Produktgestaltung befassten Abteilungen zur Veranschaulichung und als grundlegendes Arbeitsinstrument dienen. Selbstverständlich waren – vor allem am Anfang – Korrekturphasen, die eine Überarbeitung zuließen, vorgeschaltet. Nachdem zwischen allen beteiligten Verantwortlichen ein endgültiger Konsens erreicht wurde, enthält das Design Manual inzwischen jedoch verbindliche Richtlinien, die die Entwicklung eines klaren Produktauftritts in der Auswahl, Verwendung und Kombination von Farben, Materialien und Grafik gewährleisten. Unsicherheiten in der Produktentwicklung können somit frühzeitig vermieden, durchgängige, ständig wiederkehrende Marken- und Produkt-

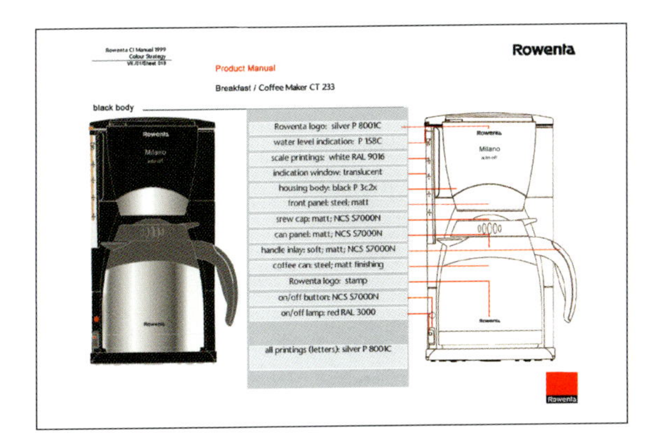

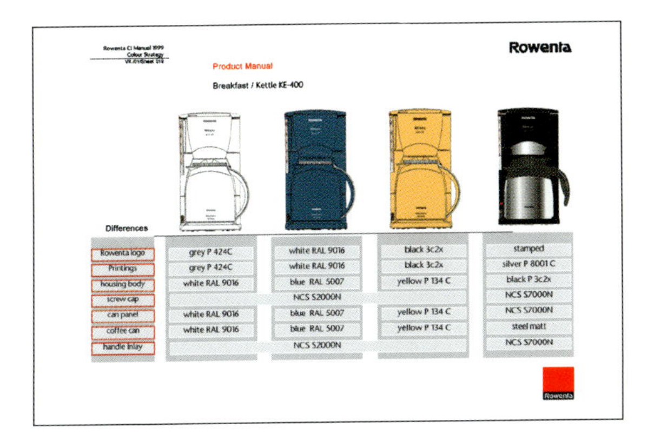

Als letzte Ebene der Konkretisierung wurden für die einzelnen Produktkategorien (hier z. B. «Breakfast») die Farben, Produktmarkierungen und Materialien auf alle geplanten Neuprodukte übertragen. Übergreifende Wiedererkennungsmerkmale können frühzeitig auf ihre Übertragbarkeit (Kosten- und produktionstechnisch) hin überprüft und systematisch in das Produktprogramm implementiert werden.

botschaften beim Kunden dauerhaft verankert werden. In der konkreten Umsetzung wurden zunächst erste Muster mit unterschiedlichen Farb- und Materialvarianten entwickelt. Ein internationales Team aus Marketing, Vertrieb und Design unterzog diese anschließend einem ausführlichen Bewertungsprozess. In einem nächsten Schritt wurde anhand von Tests in verschiedenen Ländern ermittelt, wie die einzelnen Varianten auf dem internationalen Markt angenommen wurden. Nach dieser Testphase kam es letztendlich zur Festlegung auf eine bestimmte Produktalternative. Den Abschluss bildete die Begleitung der produktionstechnischen Umsetzung bis zur endgültigen Fertigung, unter anderem mit Entscheidungen zur Auswahl von Zulieferelementen oder Farbherstellern.

Als Ergebnis des gesamten Prozesses konnte das Unternehmen auf der Domotechnica 1999 seine ersten neuen Produkte beziehungsweise Produktvariationen präsentieren. Seit diesem Zeitpunkt wird das gesamte Sortiment allmählich ergänzt. Der geschlossene Markenauftritt, den sich Rowenta mit seiner neuen Design-Strategie zum Ziel gesetzt hatte, wird also zum Beginn eines neuen Jahrhunderts schrittweise realisiert.

Die Entwicklung der Marke in der Investitionsgüterindustrie – Das Beispiel Vaillant

Inhalt

Vita

Hans Meier-Kortwig, Jahrgang 1970, studierte Betriebswirtschaftslehre in Köln und London. Danach konzipierte er als Geschäftsfeldleiter der design.net AG Marken- und Designstrategien für verschiedene namhafte Konzerne in In- und Ausland. Aktuell arbeitet er als Berater und Markenstratege für die Marketing Partner AG in Wiesbaden.

Dipl.-Betriebswirtin Claudia Maria Eling, Jahrgang 1965, studierte Wirtschaft and der Fachhochschule Köln. Ab 1995 Projektleiterin für PR und Werbung bei Unicepta Gesellschaft für Marktkommunikation mbH in Köln; seit April 2000 Referentin für Corporate Design/Markenkommunikation bei Vaillant GmbH, Remscheid.

Die Bedeutung der Marke

Starke Marken geben dem Kunden Orientierung, sie schaffen Vertrauen und erleichtern die Navigation durch den immer komplexer werdenden Dschungel angebotener Produkte und Dienstleistungen. Marken geben dem Kunden ein Versprechen, das die Unternehmen durch ihre Produkte und Dienstleistungen einlösen müssen.

Entscheidend ist, dass das durch die Marke gegebene Versprechen für den Kunden Relevanz hat, das heißt, die offenen und verdeckten Wünsche der Kunden adressiert. Langfristigen Erfolg verzeichnen diejenigen Unternehmen und Marken, deren Angebote über Jahre in der Lage sind, die relevanten Versprechen einzulösen und in den Köpfen der Nachfrager deshalb als überlegen bewertet werden. Markenaktivitäten sind bereits vor Jahren zu einer der zentralen Erfolgsgrößen im internationalen Wettbewerb geworden.

In der Vergangenheit waren Marken häufig «Nebenprodukt» einzelner Marketingaktivitäten, in modern geführten Unternehmen wird dagegen die Marke aktiv gesteuert. Grund für diese Entwicklung ist nicht zuletzt die Erkenntnis, dass die Marke einen wesentlichen Teil des Unternehmenswertes repräsentiert. Anteile von mehr als 60 Prozent sind in Konsumgütermärkten keine Seltenheit.

Die Bedeutung des Phänomens Marke beschränkt sich allerdings nicht nur auf die Konsumgüterindustrie. Auch Investitionsgüterhersteller nutzen ein aktives Markenmanagement zunehmend zur Differenzierung des eigenen Angebots, um sich langfristig Wettbewerbsvorteile zu sichern.

Was aber ist genau unter Markenmanagement zu verstehen? Markenmanagement ist die bewusste Definition und Steuerung der Aussagen eines Unternehmens. Neben der Definition der Werte und Haltungen, die eine Marke mit ihren Produkten und Leistungen besetzt, kommt der Formulierung des Markenerscheinungsbildes eine entscheidende Funktion zu. Das Erscheinungsbild macht die Leistungen sichtbar und gibt der Marke Profil. Es umfasst alle Bereiche, in denen die Marke mit dem Kunden visuell in Interaktion tritt, und reicht von der klassischen Werbung über Below the Line-Aktivitäten bis hin zur Produktgestaltung. Zentrale Aufgabe des Markenmanagements ist es, dieses Erscheinungsbild so zu organisieren, dass ein konsistentes Image im

Kopf des Kunden erzeugt wird. Nur wenn es gelingt, ein für den Kunden relevantes Bild zu entwickeln, kann ein glaubhaftes und schlüssiges Markenprofil aufgebaut werden – ein Profil, das sich im relevant Set des Kunden langfristig verankert.

Das Projekt

Die Vaillant GmbH ist eines der renommiertesten Unternehmen im Markt für Heiztechnik. 1874 von Johann Vaillant gegründet, bietet das Unternehmen seit mehr als 125 Jahren Produkte für Wärme an. Mit Gasbadeöfen begonnen, arbeiten heute mehr als 5000 Mitarbeiter europaweit rund um die Themen Heizung, Warmwasser und Regelungstechnik. Durch kontinuierliche Innovationen konnte die Marke Vaillant als feste Größe in verschiedensten europäischen Märkten etabliert werden.

Wie in anderen gesättigten Märkten auch, vollzog sich in den vergangenen Jahren durch Fusionen und Firmenübernahmen eine starke Wettbewerbskonzentration. Auch Vaillant nahm an diesem Prozess teil. Seit der Akquisition des Unternehmens Hepworth plc im Februar 2001 ist die neu entstandene Unternehmensgruppe europäischer Marktführer für Gasheizgeräte.

Im Rahmen dieses Konzentrationsprozesses glichen sich Produktleistungen der Umsatzträger verschiedenster Hersteller immer weiter an. Für den Endgebraucher wahrnehmbare Innovationen spielten sich in erster Linie in klar definierten Innovationsfeldern wie zum Beispiel im Bereich der regenerativen Energien ab. Bei einem Gros der Produkte konnte der Endgebraucher kaum mehr Unterschiede wahrnehmen.

Die Homogenisierung der Produktwelt führte in den vergangenen Jahren zu einer stärkeren Bedeutung der Marke für den Produkt- und damit den Unternehmenserfolg.

Diese Entwicklungen erkennend, installierte Vaillant Anfang 2000 die organisatorische Einheit Markenmanagement unter dem Dach des zentralen Marketings in Remscheid. Aufgabe der Abteilung ist seitdem die Formulierung einer zukunftsweisenden Markenstrategie und die Steuerung aller markenrelevanten Aktivitäten des Unternehmens.

Eine erste Herausforderung bestand darin, das in den vergangenen Jahren über die verschiedenen Medien und Länder hinweg immer heterogener gewordene Erscheinungsbild der Marke zu vereinheitlichen und zu aktualisieren. Sich direkt an die Gestaltung zu begeben, wäre angesichts der Zusammenhänge zwischen Markenidentität und Erscheinungsbild zu kurz gegriffen. Vielmehr war es Aufgabe, die Position von Vaillant im Marktkontext zu spezifizieren, um darauf aufbauend ein langfristig tragfähiges und schlüssiges Bild zu entwickeln.

Zur Herleitung eines tragfähigen Konzeptes wurde folgender Projektplan erarbeitet.

Der Projektablauf im Überblick

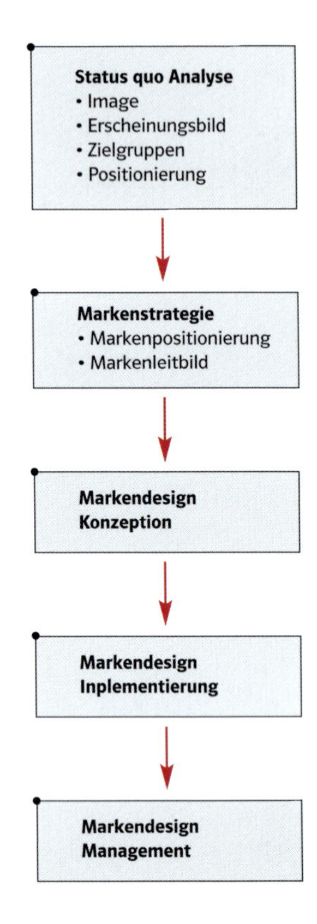

Der erste Schritt war eine Analyse der Ausgangssituation. Diese beinhaltete die Untersuchung der Erscheinungsbilder der Marke und ihrer Hauptwettbewerber. Dabei wurden Aspekte der Positionierung genauso berücksichtigt, wie die Bedürfnisse der verschiedenen Zielgruppen.

Auf Basis dieser Analysebausteine wurde ein Stärken-/Schwächenprofil erstellt, das zukünftige Handlungsoptionen für die

Marke beschrieb und die Grundlage für eine Konkretisierung der Markenpositionierung bildete. Das darauf aufbauende Markenleitbild stellte die Haltung der Marke auf einer übergeordneten Ebene dar und bildete den Handlungsrahmen für alle kommunikativen Aussagen.

Innerhalb dieses Gestaltungskorridors galt es, in einem nächsten Schritt ein Markendesign zu entwickeln, das die Werte der Marke Vaillant transportiert und den Rahmen für eine prägnante und eigenständige Markenkommunikation bildet.

Die Analyse

Ausgangspunkt des Projekts war eine extern in Auftrag gegebene Analyse zur Markenpersönlichkeit von Vaillant, bei der neben Endgebrauchern auch der Fachgroßhandel und das Fachhandwerk als wichtigster Absatzmittler im Markt für Heiztechnik befragt wurden.

Die Studie enthielt detaillierte Aussagen zur Marke, der im Markt wahrgenommenen Werte und zur relativen Positionierung der Marke im Vergleich zum Wettbewerb. Die Ergebnisse zeigten deutlich, dass Vaillant einen starken Markenkern besaß, der sich aus den Elementen,
- bekannte Traditionsmarke,
- langjährige Erfahrung,
- vertrauenswürdig und kompetent,
- bietet gute und solide Qualität,
- sympathische Marke
zusammensetzte.

Die Analyse zeigte aber auch, dass die Befragten der Marke Vaillant wenig Aktualität zuschrieben. Die Marke wurde im Wettbewerbsvergleich weniger innovativ und dynamisch wahrgenommen. Dieses war auf den ersten Blick erstaunlich, da Vaillant in den vergangenen Jahren enorme Anstrengungen unternommen hatte, neue Basistechnologien in marktfähige Produkte zu überführen. Als erstes Unternehmen war Vaillant zum Beispiel in der Lage, der Öffentlichkeit einen funktionsfähigen Prototypen eines Brennstoffzellen-Heizgeräts zu präsentieren.

Mit diesen ersten Informationen bezüglich des Markenimages ausgestattet, wurde die detaillierte Analyse der Erscheinungsbilder von Vaillant und von ausgewählten Wettbewerbern vorgenommen. Aufgabe war es, Stärken und Schwächen der Unternehmensauftritte zu identifizieren, um so erste Hinweise zu bekommen, worauf das Handlungspotenzial von Vaillant in Bezug auf die Kommunikation von Dynamik und Innovationskraft ausgerichtet werden musste. Darüber hinaus galt es, die Positionen der einzelnen Marktteilnehmer zu bestimmen, um daraus den Handlungsrahmen für zukünftige Markenaktivitäten abzuleiten.

Nach einer Sichtung verschiedenster Kommunikationsmedien, angefangen von Produktbroschüren über die klassische Werbung bis hin zu Fahrzeugbeschriftung und Internet-Auftritt, wurden die einzelnen Markendesigns gegenübergestellt und analysiert.

Kriterien waren Anmutung, Konsistenz, Gestaltungsqualität und kommunikative Aussage.

Dabei wurden die Basiselemente des Designs beginnend mit verschiedenen Logos und den markenspezifischen Farbwelten über Typografie, Layout und die Darstellung von Grafiken und Diagrammen bis hin zu verwendeten Bildwelten genau betrachtet, da sie das Rückgrat eines jeden Unternehmenserscheinungsbildes darstellen.

Ausgangssituation: Auszüge aus dem Markenerscheinungsbild von Vaillant

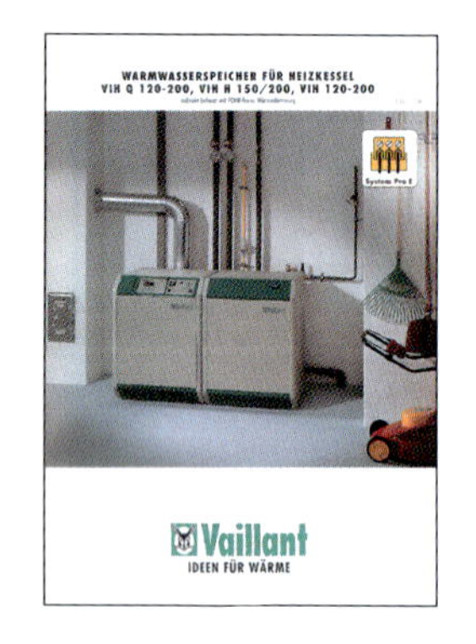

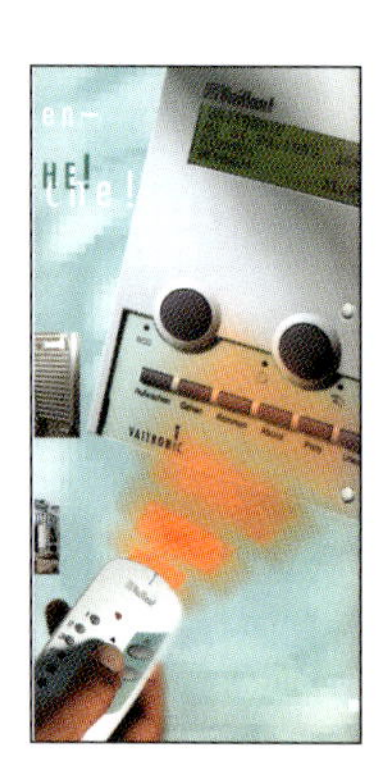

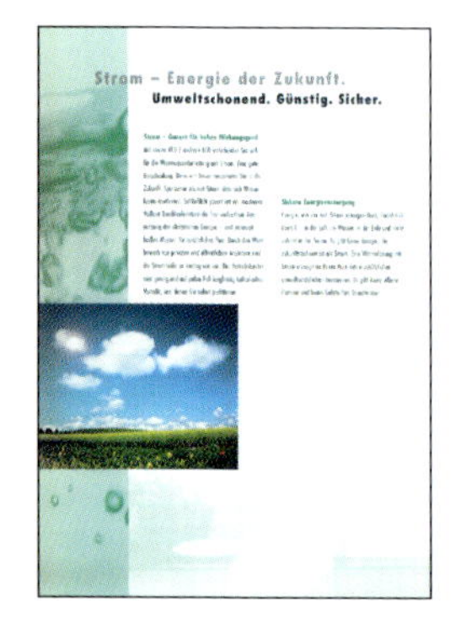

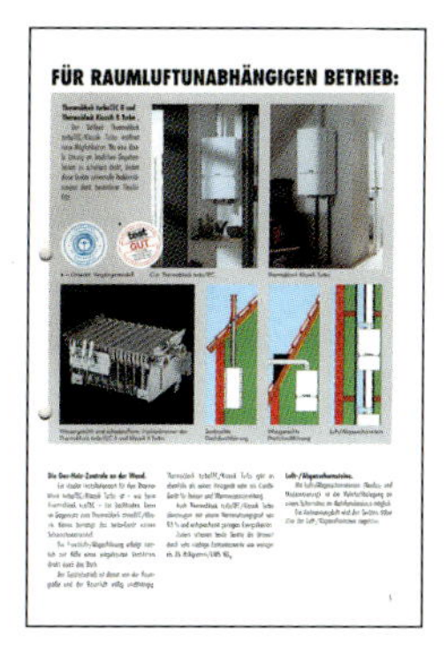

Das Logo von Vaillant repräsentiert wie kein anderes Gestaltungselement die Marke Vaillant. Die ungestützte Markenbekanntheit von mehr als 70 Prozent ließ sich Umfragen zufolge zu einem Großteil auf die konsistente Verwendung der «Wort-Bildmarke mit dem Hasen» zurückführen. Der Hase wurde bereits 1899 als Warenzeichen eingetragen und ist seitdem in unterschiedlichen Modifikationen als Firmenzeichen verwendet worden.

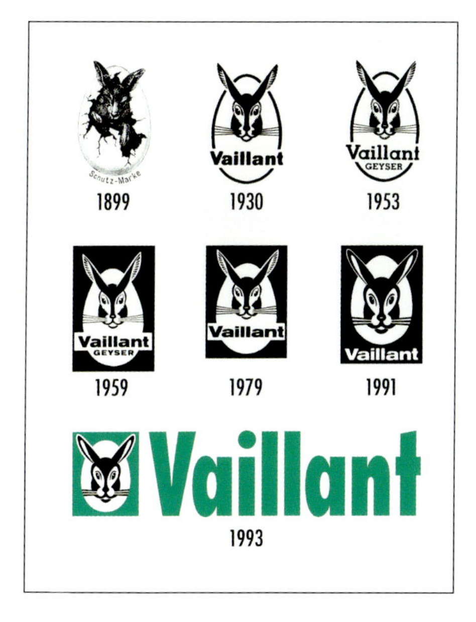

Das Logo im Zeitablauf

Neben dem Logo wurde die Hausfarbe, das «Vaillant-Grün», konsistent über die verschiedenen Medien und Länder eingesetzt. Andere Basiselemente, wie zum Beispiel die Typografie, Layout oder der Einsatz von schematischen Darstellungen verschiedener Broschüren waren heterogen umgesetzt. Eine einheitliche Markensprache war nicht erkennbar.

Die Gesamtanmutung war eher statisch und traditionell, was durch eine wenig charakteristische und eher traditionell ausgerichtete Produkt- und People-Fotografie noch verstärkt wurde.

Beispiele der Produktfotografie von Vaillant

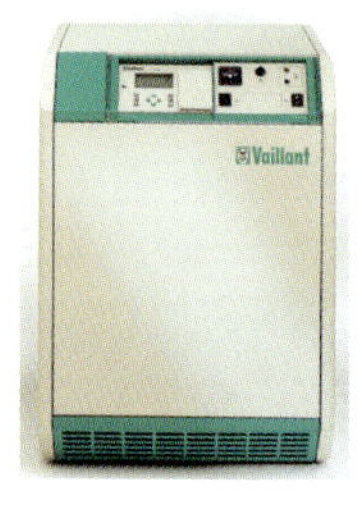

Im Wettbewerbsvergleich zeigten sich starke Gemeinsamkeiten, aber auch deutliche Unterschiede. Branchentypisch war (und ist) die klare Codierung der Markenauftritte über die Farbe. So hatte ein Wettbewerber die Farben blau und rot, ein anderer gelborange und ein dritter grau/silber sowie orange als Akzentfarbe eindeutig besetzt.

Alle Unternehmensauftritte waren eher «laut». Sie arbeiteten mit dominanten Farbflächen und großer Typografie. Mit Ausnahme eines Wettbewerbers wurde ein traditioneller Bildstil verwendet. Diese Dominanz «lauter» Auftritte ließ vermuten, dass ein prägnanter, aber etwas zurückhaltenderer Auftritt starkes Differenzierungspotenzial bieten kann.

Neben der Gestaltungsqualität bestanden Unterschiede vor allem in der Positionierung der Marken. Einer der Hauptwettbewerber fokussierte ausschließlich auf Technologie und Design. «The Product is the hero» war dabei der Leitgedanke, der vor allem über den Bildstil kommuniziert wurde. Ein anderer Wettbewerber hatte diesen Ansatz aufgegriffen und inszenierte die Produkte als Hauptdarsteller auf einer Bühne. Der dritte bei der Analyse berücksichtigte Wettbewerber wählte einen ganz anderen Ansatz.

Er positionierte seine Marke als einen sympathischen Partner der Kunden. Menschen standen im Vordergrund, Produkte wurden in den Hintergrund gedrängt, Technik war Mittel zum Zweck.

Vaillant kommunizierte die Marke heterogen. In der sehr emotional ausgerichteten Endgebraucherkampagne wurde der Produktnutzen «Wärme» in den Vordergrund der Aussagen gerückt. Beim Fachhandwerker fungierten nach wie vor die Produkte als Hauptkommunikationsträger. Unterschiedliche Themen wurden unterschiedlich kommuniziert. Über die verschiedenen Medien hinweg zeigte sich ein sehr heterogenes Erscheinungsbild der Marke Vaillant.

Allen Auftritten gemeinsam war, dass sie sich auf zwei Dimensionen konzentrieren ließen. Eine Technikdimension und eine Dimension, die die Beziehung zwischen Marke und Kunden beschreibt. Diese Verdichtung ermöglichte die Abbildung der Markenpositionen in einem Eigenschaftsraum mit zwei Achsen und den Polen «Technologie im Fokus – Technologie als Mittel zum Zweck» auf der einen und «Partnerschaftlichkeit – Unnahbarkeit» auf der anderen Seite. Natürlich sind diese Positionen nicht absolut. Sie zeigen vielmehr die Relation der Marken zueinander und halfen, deren Spezifika zu verstehen.

Status quo Position der Marke

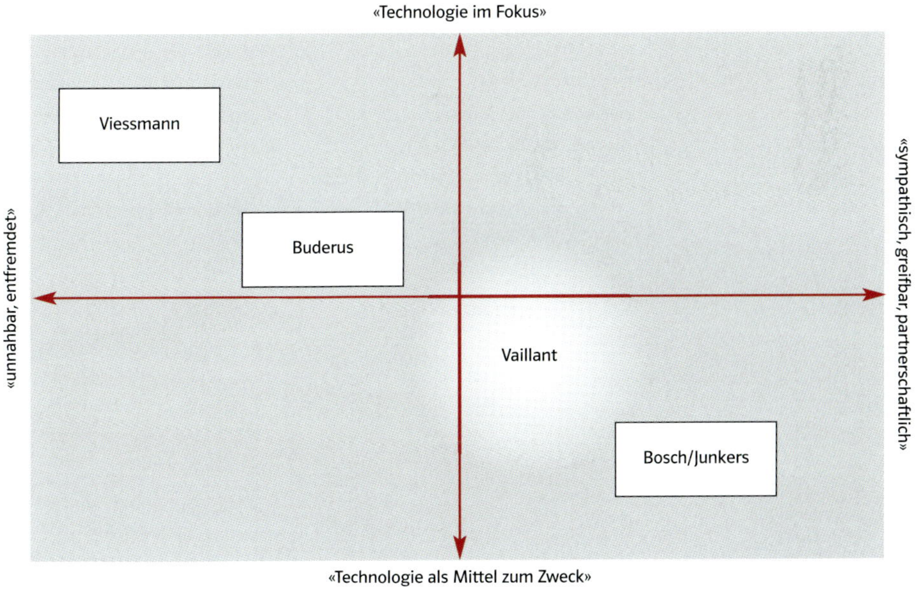

Die Status quo Analyse brachte Verbesserungspotenziale des Markendesigns von Vaillant zutage. Die detaillierte Betrachtung der Situation im Markt eröffnete über die Positionierung der Marke im Kontext der Wettbewerber Optionen für eine Konkretisierung der Markenpositionierung und bildete damit den Ausgangspunkt für die sich anschließenden strategischen Überlegungen.

Markenpositionierung und Markenleitbild

Die Positionierung der einzelnen Marktteilnehmer zeigte deutlich, dass sich alle Hersteller im Markt auf einer Achse zwischen «technikfokussiert/unnahbar» und «Technologie als Mittel zum Zweck/Partnerschaft mit dem Kunden» bewegten. Weite Felder des Möglichkeitsraums besetzte keiner der Hauptwettbewerber. In einem Workshop wurden verschiedene Optionen für die Markenpositionierung von Vaillant diskutiert. Dabei griff man auf die Ergebnisse einer kurz zuvor abgeschlossenen Imageanalyse zurück. Wie bereits bei der ersten Analyse wurden Vaillant hohe Werte in den Feldern Tradition, Kompetenz und Sympathie zugesprochen. Auch Partnerschaftlichkeit war eine wichtige Attribution. Leider wurden auch die Resultate der ersten Imageerhebung in Bezug auf Innovation und Dynamik/Fortschrittlichkeit bestätigt.

Ziel musste es also sein, die Marke weiterzuentwickeln, ohne dabei die angestammten Felder zu verlassen. Die Lösung brachte die erneute Betrachtung des Positionierungsraums. Eine Fokussierung auf Innovation und Technologie würde der Marke Vaillant unter Beibehaltung der sympathischen Komponente eine im Wettbewerbsumfeld eigenständige und langfristig ausbaubare Position sichern. Damit war die Grundausrichtung der Marke festgelegt.

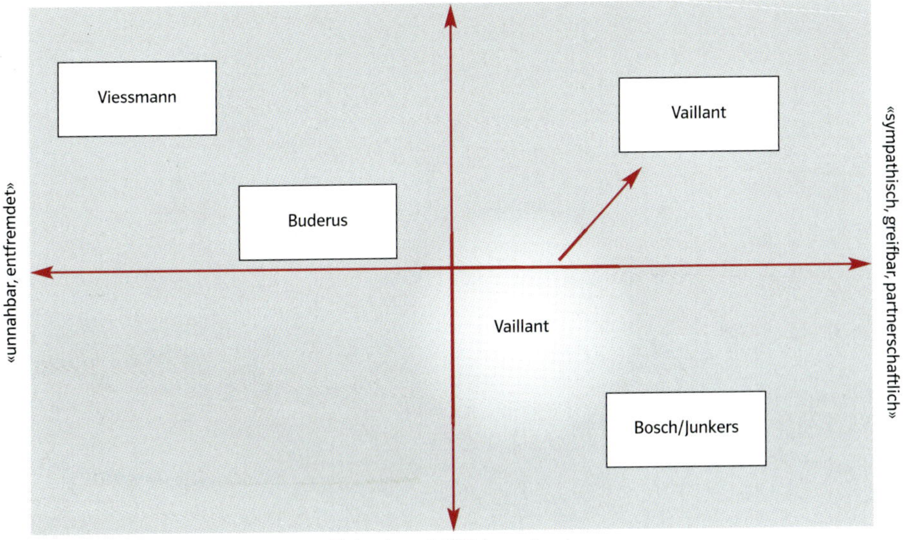

Zielpositionierung der Marke

In einem nächsten Schritt galt es, diese Position näher zu spezifizieren. Sie konnte am besten als ein Spannungsfeld, bestehend aus den Werten Kompetenz, Innovation und Sympathie beschrieben werden.

Es stellte sich die Frage, welche Art Innovation, Kompetenz oder Sympathie spezifisch für Vaillant ist. Ein Exkurs in die Automobilindustrie soll dies verdeutlichen. BMW und Audi besetzen beide das Feld Innovation. Audi fokussiert dabei auf die technologische Komponente und verdichtet diese Haltung in dem Claim «Vorsprung durch Technik». BMW hingegen versteht Innovation wirkungsbezogen und bringt dieses im Claim «Freude am Fahren» zum Ausdruck. Beide Marken besetzen eindeutig das Feld Innovation, definieren es allerdings unterschiedlich und sprechen damit letztendlich auch unterschiedliche Zielgruppen im Markt an.

Im Markt für Heiztechnik ist Innovation ein Wert, den alle Wettbewerber als eine tragende Säule der eigenen Marke reklamieren. Vaillant musste also die eigene Haltung weiter konkretisieren. Gemeinsam mit unterschiedlichen Parteien wurde unter Berücksichtigung der Ergebnisse der Analysephase eine Verdichtung der Werte über Attributionen vorgenommen, die ein Differenzierungspotenzial zum Wettbewerb beinhalten. Mit dieser verbal umrissenen Markenpositionierung war ein erster Milestone auf dem Weg zur Neuausrichtung des Markendesigns geschaffen.

Um die Positionierung auch emotional erfahrbar zu machen, erarbeitete das Markenteam ein Leitbild, das über die Kombination von Werten, Attributen und Bildern die Position und Haltung der Marke Vaillant kommuniziert. Dieses Markenleitbild wurde zu der zentralen Bezugsgröße für alle Markenaktivitäten. Der Grundstein für die Ableitung eines die Markenpositionierung widerspiegelnden Erscheinungsbildes war gelegt.

Zur leichteren Nachvollziehbarkeit der vorgenommenen Neujustierung wurde der Weg von der bestehenden zur angestrebten Wertevisualisierung für alle an der Kommunikation der Marke beteiligten Mitarbeiter exemplarisch abgebildet.

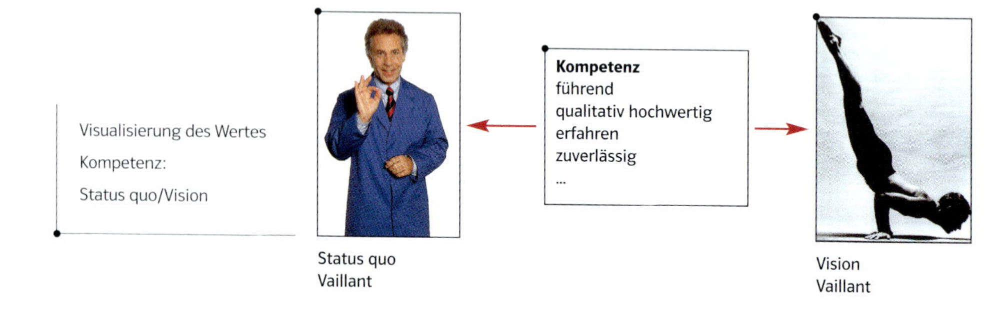

Der markenspezifische Gestaltungskorridor

Mit diesen verbal und visuell konkretisierten Informationen zur angestrebten Markenpositionierung konnte nun die eigentliche Konzeption des Markenauftritts initiiert werden. Ziel war es, ein Markendesign zu entwickeln, das innovativ und modern ist, ohne dabei modisch zu sein. Es sollte sowohl menschliche als auch eindeutig technische Aspekte beinhalten.

Zur Lösung wurde ein Ansatz über Benchmarks gewählt. Die Frage war, welche Unternehmens- und Markenauftritte aus anderen Branchen einzelne der angesprochenen Aspekte für sich gut gelöst haben. Dazu wurden Markenauftritte in benachbarten Branchen genauso untersucht wie Markenauftritte aus ganz anderen Bereichen. Interessant war in diesem Zusammenhang, über welche Ansätze bei Typografie, Layout, Bildkonzeption, Gestaltung von Tabellen, Grafiken und Diagrammen oder auch Farben die angestrebten Werte adressiert wurden. An diesem Benchmarking waren sowohl Markenstrategen als auch die später das Markendesign realisierenden Gestalter beteiligt. Die entdeckten Ansätze wurden verdichtet und in ein detailliertes Briefing für den sich anschließenden Gestaltungsprozess überführt.

Bildstil Mensch

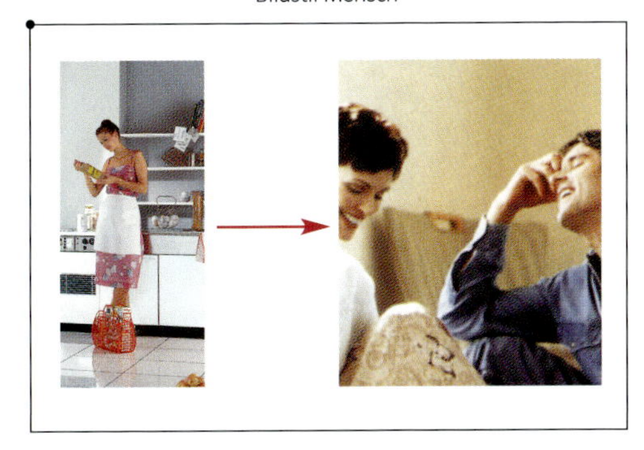

Bildstil Produkt

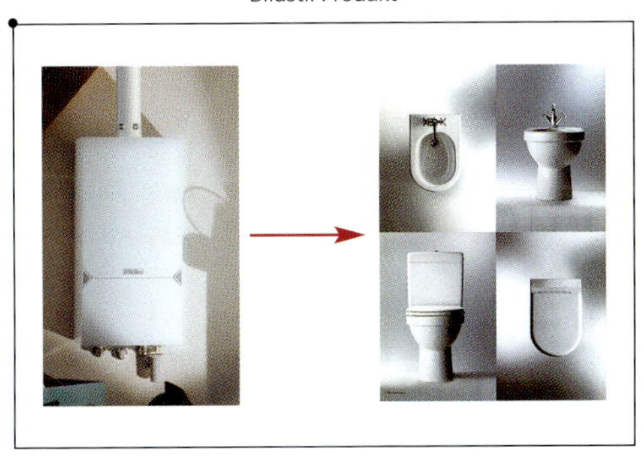

Der Benchmark-Ansatz anhand ausgewählter Beispiele

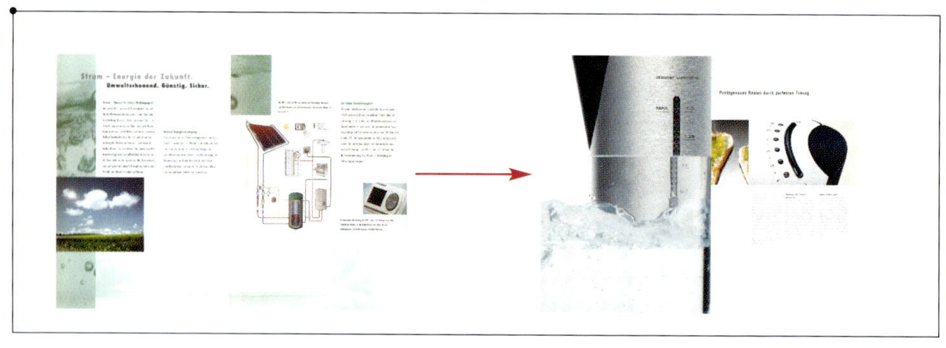

Die CD-Entwicklung

Mit der Definition des Gestaltungskorridors über die verschiedenen Benchmarks war der Startschuss für die eigentliche Kreationsphase gefallen. Es galt, ein Design zu entwickeln, das einerseits konkret genug ist, um ein einheitliches Erscheinungsbild über die verschiedenen Medien hinweg zu garantieren, andererseits aber genug Freiraum für länder- und medienspezifische Bedürfnisse gibt.

In einem ersten Schritt wurde das Basisdesign überarbeitet. Unter dem Basisdesign versteht man die Grundelemente, aus deren Kombination die verschiedensten kommunikativen Anwendungen von der Messegrafik über Anzeigen bis zum Internet abgeleitet werden können. Zum Basisdesign gehörten in diesem Fall:

- Logo,
- Typografie,
- Farbe,
- Raster,
- Bildstil,
- Grafiken, Tabellen und Diagramme,
- grafische Elemente.

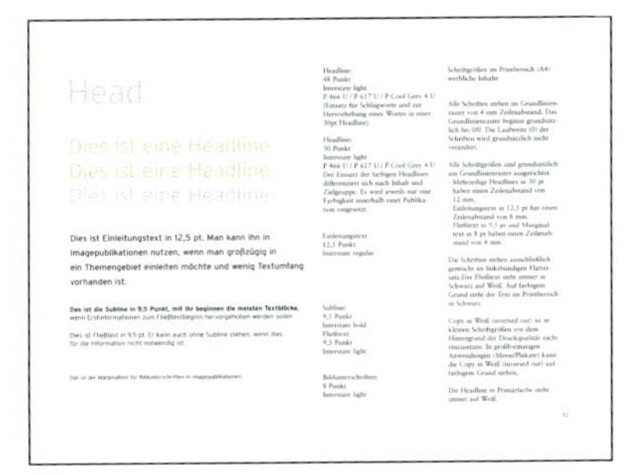

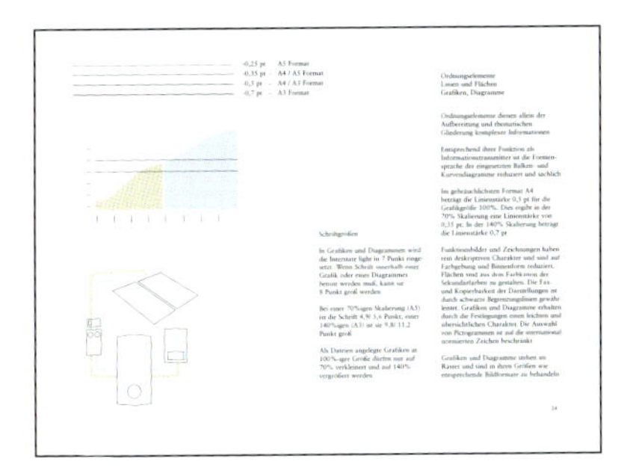

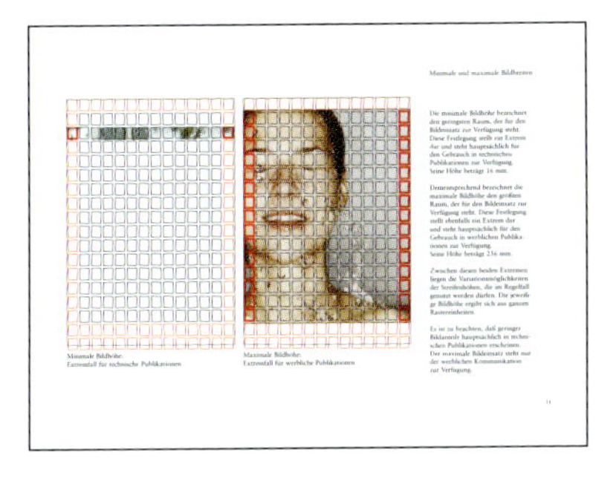

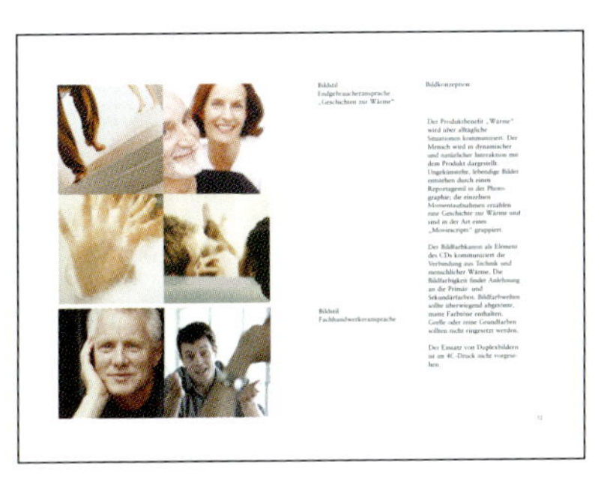

Ausgewählte Definitionen zu den neuen CD-Basiselementen

Aufgrund der hohen Bekanntheit und positiven Beurteilung der Wort-Bildmarke wurde von einer Überarbeitung des Logos abgesehen. Als weiteres Vaillant-spezifisches Element wurde die Hausfarbe beibehalten, die Flächigkeit allerdings stark zurückgenommen. Der reduzierte Umgang mit der Hausfarbe diente dazu, einen «leiseren» Auftritt zu erreichen, der ein wesentliches Differenzierungsmerkmal zum Wettbewerb brachte. Alle weiteren Elemente wurden entsprechend der Vorgaben des Briefings grundsätzlich neu definiert.

Bei der Erarbeitung des Markendesigns war zu beachten, dass die einzelnen Elemente erst in ihrem Zusammenspiel das markenspezifische Design ergeben. Aus diesem Grund wurden verschiedene Anwendungen durchgespielt, um zu prüfen, ob mit diesen Elementen prägnante Anzeigen, Broschüren und Multimedia-Anwendungen realisiert werden können. Bei der Entwicklung dieser Basiselemente gab es einen regen Austausch zwischen den einzelnen Abteilungen Vaillants und den Gestaltern, um medien- und bereichsspezifische Anforderungen schon zu diesem Zeitpunkt berücksichtigen zu können.

Zur Optimierung der Gestaltungsergebnisse wurde außerdem externer Input in den Prozess eingebracht. In Experteninterviews mit Markenmanagern, Corporate Designern und Kommunikationswissenschaftlern wurden die Entwürfe mit dem Ziel präsentiert, Verbesserungspotenziale aufzudecken. Zur Orientierung der Experten stellte man Beispiele des neuen Markendesigns entsprechenden Lösungen der Wettbewerber gegenüber. Damit sollte die Frage beantwortet werden, inwieweit das neue Design die angestrebten Markenwerte kommunizieren kann und eine deutliche Differenzierung vom Wettbewerb ermöglicht. Die Verbesserungsvorschläge griffen die Designer im Rahmen einer weiteren Überarbeitung auf. Parallel dazu wurden die Festlegungen an die Leiter der einzelnen Ländervertriebsgesellschaften kommuniziert und kurze Zeit später im Rahmen eines internationalen Designworkshops mit den Marketing- und Kommunikationsverantwortlichen der Länder diskutiert. Dieser Workshop gab den Ländervertriebsgesellschaften die Möglichkeit, ihren länderspezifischen Input in den Prozess einfließen zu lassen und verhalf dem Projekt darüber hinaus zu einem starken Akzeptanzschub.

Es folgte eine letzte Überarbeitung der Festlegungen zu den Basiselementen des Markendesigns, die schließlich von der Geschäftsleitung verabschiedet wurden.

Die Implementierung

In der Implementierungsphase wurden auf Grundlage der definierten Basiselemente die einzelnen Kommunikationsmedien überarbeitet. Erst mit der Implementierung der definierten Basiselemente zeigt ein Corporate Design seine wahre Stärke. Es war nicht die Absicht, unumstößliche Gesetze für die Verwendung von Logo, Schrift und Farben festzuschreiben und zu kontrollieren, sondern der Vielschichtigkeit von Vaillant mehr Kreativität und Lebendigkeit für Denk- und Spielräume zu geben. So wurde eine Bühne kreiert, die von den jeweiligen Ensembles bespielt werden muss.

Die besondere Herausforderung der Implementierungsphase bestand in dem sehr eng gesetzten Zeitrahmen für die Umstellung auf das neue Markendesign. Die Leitmesse der Branche, die ISH 2001 (Internationale Messe für Sanitär und Heizung in Frankfurt) sollte im neuen Erscheinungsbild realisiert werden. Der zur Verfügung stehende Zeitraum für die Umstellung aller messerelevanten Medien betrug sechs Monate.

Innerhalb dieses Zeitraums musste sich der gesamte Messeauftritt vom Design des Messestandes, den produktbegleitenden

Broschüren und Multimedia-Konzeptionen über Internet-Auftritt und klassischer Werbung bis hin zur Außenwerbung im neuen Designrahmen bewegen.

Das anspruchsvolle Timing erforderte die Aufstellung einer parallel angelegten Zeitplanung, deren Milestones unbedingt eingehalten werden mussten. Das Markenmanagement stand dem Messeteam von Beginn an beratend zur Seite, um gleichzeitig mit der konzeptionellen Entwicklung des neuen Markendesigns die Konzeption und Gestaltung des Messeauftritts in die neue Richtung zu beeinflussen.

Bei der Entwicklung des Messekonzeptes stand die Inszenierung der Marke im Vordergrund. Der Messeauftritt sollte die Positionierung von Vaillant auf eine emotional erlebbare Weise transportieren.

Gemeinsam mit dem Messebauer konzipierte man Farb-, Form- und Materialwelten. Die in den Basiselementen definierte Farbpalette wurde um einige Farben erweitert und bildete die Grundlage für eine visuelle Strukturierung des Standes und der einzelnen Produktangebote. Dies ermöglichte dem Besucher eine klare Orientierung. Auch bei der Materialentscheidung bildete die Marke die konsequente Auswahlgrundlage. Die Materialien sollten die Markenwerte reflektieren. Gesamtanmutung und Formensprache des Messestandes sollten klar, übersichtlich und transparent sein, sie durften unter dem Gesichtspunkt der Sympathie durchaus auch organische Elemente beinhalten.

Der Messestand entwickelte sich unter diesen Prämissen zu einer absoluten Neuheit für Vaillant. Er wurde von den Besuchern als hell, übersichtlich, klar und angenehm in der Atmosphäre empfunden. Die Produkte waren zugänglich, die Produktbeschreibungen an den Ausstellungswänden wirkten deutlich und gut strukturiert. Innovationsthemen wurden in einem Glaskubus präsentiert, der unter anderem Ausgangspunkt für die Bühne war, auf der die zahlreichen Besucher eine Choreografie zu den einzelnen Themen des Standes sehen konnten.

Messestand auf der ISH 2001

Über die Vorbereitung des Messestands hinaus sicherte das Markenmanagement in sämtlichen Projektgruppen die Homogenität des Markenauftritts über die verschiedensten Kommunikationsmedien hinweg. Gemeinsam mit dem Vermarktungsmanagement und den Produktentwicklern wurden die Agenturen für die Produktliteratur und die neue Anzeigenkampagne gebrieft und betreut. Pünktlich und druckfrisch zur Messe gab es zu allen neuen Produkten die entsprechende Systembroschüre. Zusätzlich wurde eine Neuheitenbroschüre entworfen, die dazu diente, den Anspruch der Marke als Innovationsführer zu kommunizieren. Während der Messe war in allen relevanten Printmedien die erste doppelseitige Imageanzeige geschaltet.

Bei der Umsetzung des neuen Markendesigns wurde dem Internet ein hoher Stellenwert beigemessen. Gemeinsam mit dem Projektteam «Internet» wurde ein Internet Styleguide entwickelt. Bereits einige Wochen zuvor, auch hier parallel zur CD-Konzeption, diskutierte man erste Milestones wie Farben, Bildkonzeption, Typografie und Seitenaufbau im Content Management System. Die Farben wurden in diesem Medium zur Codierung der Zielgruppennavigation eingesetzt. Fachhandwerker, Endgebraucher und Presse sollten schnell die für sie relevanten Informationen finden. Die generelle Bildkonzeption wurde dem Medium insofern angepasst, als dass hier sowohl eine waagerechte als auch eine senkrechte Bildleiste eingesetzt wurde. Aufgrund technologischer Erwägungen definierte das Team für das Content Management System die Arial als durchgängige Schrift, die Hausschrift Interstate blieb den statischen Headlines vorbehalten. Pünktlich zur Messe ging der neuen Auftritt on air und stieß bei Besuchern, Verkaufsberatern und Mitarbeitern auf positive Resonanz.

Weitere Medien folgten. So zum Beispiel die PowerPoint-Präsentationen. Diese Anwendung diskutierte Vaillant intensiv, weil sie von einem Großteil der Mitarbeiter regelmäßig genutzt wird. Wie bei allen anderen Anwendungen war auch hier eine klare Grundgestaltung zu realisieren, um größtmögliche Lesbarkeit und Übersichtlichkeit zu garantieren. Das Logo wurde analog zu den anderen Medien als festes Element oben rechts positioniert. Es wurde ein Navigationsbereich in der obersten Zeile definiert, dessen Abschluss drei grafische Elemente in «Vaillant-Grün» bildeten.

Die nächsten Schritte in der Umsetzung waren nach interner Prioritätenfestlegung die Geschäftsausstattung mit Geschäftspapieren, Umschlägen und Visitenkarten.

Die beschriebenen Kommunikationsmedien waren wichtige Schritte auf dem Weg zur vollständigen Umstellung des Erscheinungsbildes. Die Dokumentation dessen wird anhand eines Online-Manuals für interne und externe Zugangsberechtigte abzurufen sein. Dieses Manual enthält sowohl die Formulierung des Markenleitbildes als auch die Basiselemente und sämtliche Anwendungsbeispiele in Form von Templates. Neben einem effizienteren Management der internationalen Designaktivitäten soll der Online Support helfen, durch die Ausnutzung von Synergien die Kosten und Entwicklungszeiten der Kommunikation zu reduzieren.

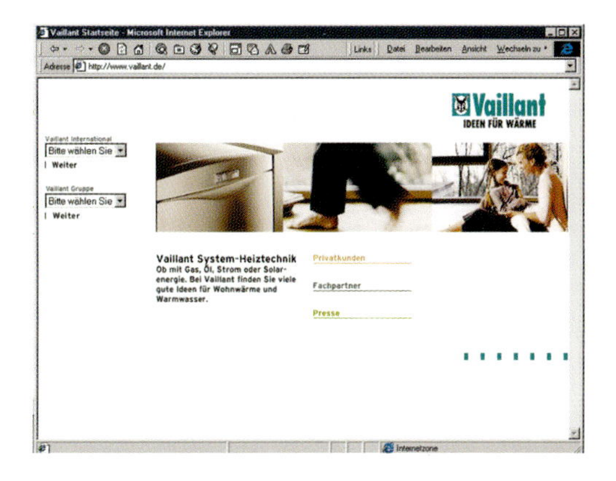

Auszüge aus dem neuen Erscheinungsbild der Marke Vaillant

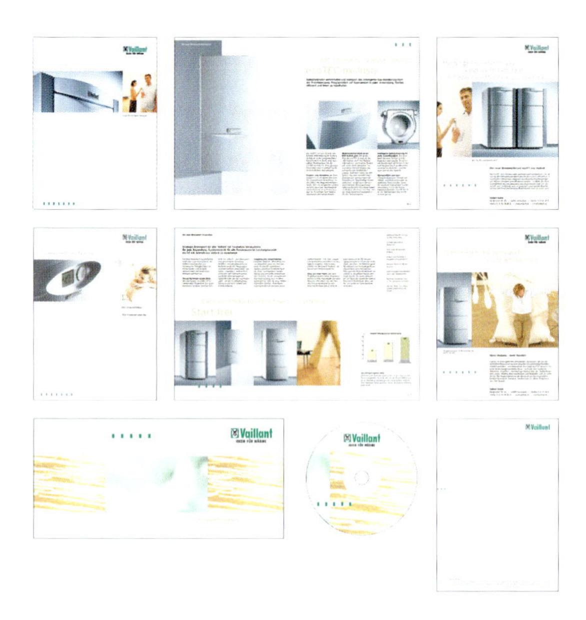

Neue Herausforderungen

Die Realisierung für die Leitmesse mit all ihren flankierenden Kommunikationsmaßnahmen im neuen Markendesign war ein erster Schritt auf dem Weg zur Festigung einer starken Identität der Marke. Um diese auch für die Zukunft zu sichern, stehen noch weitere Aufgaben an. Neben der bereits erwähnten Installation eines effizienten Design Supports, der allen Beteiligten das Arbeiten mit dem neuen Markendesign erleichtert, gilt es, entscheidende Weichen für die Entwicklung eines prägnanten markenspezifischen Produkterscheinungsbildes zu stellen. Erste Schritte sind auch hier bereits unternommen.

Die Designleitbilder der acht Marken des Volkswagen Konzerns (1999)

Inhalt

Vita

Dr.-Ing. Alex Buck, Jahrgang 1961, ist Diplom-Designer (Hochschule für Gestaltung, Offenbach) und promovierte an der Universität Hannover zum Doktor-Ingenieur. 1992 Gründungspartner bei d...c brand + design consultants, dem auf strategische Produkt-, Design- und Markenplanung spezialisierten Beratungsunternehmen. 1998 bis 2000 Professor für Designtheorie und -strategie in München. 2000 bis 2002 CEO der design.net AG, seit 2002 Managing Partner der Peter Schmidt Holding Hamburg sowie der Peter Schmidt Group am Main. Seit Anfang der 90er Jahre hat Dr. Alex Buck sowohl die Design-Management Diskussion als auch deren Umsetzung in Unternehmenserfolge maßgeblich mitgeprägt.

Dipl.-Designer Hermann Friedrich Goldkamp, Jahrgang 1937, studierte Textilgestaltung an der staatl. Textilfach- und Ingenieurschule in Müchberg. Ab 1959 Designer in der Textilindustrie, anschließend Designer Farb- und Materialentwurf Automobile bei Volkswagenwerk AG. Von 1979 an als Hauptgruppenleiter Farben und Stoffe bei AUDI AG tätig und ab 1991 Beauftragter für AUDI Design Kultur innerhalb von AUDI Design als Mitglied des Managements. 1998 – 2000 Beauftragter für Design-Strategie innerhalb des Volkswagen Konzerns Design als Mitglied des Managements und seit 2000 freischaffend tätig.

Marken- und Designleitbild im Automobilmarkt

Über die Bedeutung von Markenleitbildern ist schon an anderer Stelle einiges gesagt worden. Hier sei nur in Erinnerung gerufen, dass Markenleitbilder ein möglichst authentisches Bild der komplexen Formation von Psyche und Physis des jeweiligen Unternehmens abzubilden versuchen. Deskriptiv in wenigen, emblematischen Begriffen, also keine langen Rechtfertigungsmonologe in eigener Sache und visuell in ebenfalls wenigen metaphorischen Abbildungen. Beides zusammen bildet einen fruchtbaren Dialog und stellt gewissermaßen den Rahmen dar, der vieles darüber Hinausgehende potenziell zulässt, genug jedoch ebenso definitiv ausschließt. Dies bildet das bei design.net/Peter Schmidt Group übliche Verständnis der Marke als Rahmung (Frame-Theorie), also als offene Struktur, perfekt ab.

Die operationalisierte Ebene der Markenleitbilder sind die Designleitbilder, die in unterschiedlichen Präzisierungen von metaphorisch bis detailgenau den aus den Markenwerten definierten gestalterischen Handlungsraum fixieren. Das nachfolgend beschriebene Projekt erläutert die Arbeit eben jener Designleitbilder, so sei hier auf weitere Erläuterung verzichtet. Die Notwendigkeit eines Wechselspiels zwischen Markenleitbild und Designleitbild als Grundlage nachfolgender Marken- bzw. Designarbeit ist offensichtlich.

Eine noch einmal gesteigerte Bedeutung erhalten diese Leitbilder in Unternehmen, die mehrere starke Marken, meist sogar in identischen Produktsegmenten, nebeneinander führen wollen. Beispiele hierzu kennen wir aus dem Nahrungs- und Genussmittelmarkt, zum Beispiel Reemtsma mit West, Davidoff und R1, oder auch aus dem Automobilbereich, wo es inzwischen üblich ist, dass einige große Hersteller ganze Gruppen von Marken führen.

Man scheint feststellen zu können, dass es für globale Marken eine Bedeutung hat, die Märkte mit ihren unterschiedlichen Käufersegmenten mit von einander differenzierten Marken zu bearbeiten.

Warum dies eventuell sinnvoll ist, soll an dieser Stelle auf zwei wesentliche Aspekte begrenzt werden. Einerseits konnte der Versuch «Global Cars» zu bauen und zu vertreiben spätestens Mitte der achtziger Jahre als gescheitert bezeichnet werden. Es war eine gemeinsame Vision aller Controlling- und Einkaufsverantwortlichen der Automobilbranche, die sich noch nie da gewesene Rationalisierungseffekte erwarteten, deren Träume jedoch an der Realität des Marktes scheiterten.

Letztendlich waren sie wohl sehr viel mehr als nur an den Realitäten des Marktes an den Komplexitäten des Marktes gescheitert. Also an den unterschiedlichen Erwartungen, Wünschen und Assoziationen, die man dem Automobil entgegenzubringen gewohnt ist, als zentralem Signalgeber individueller Befindlichkeit. Das Auto als Projektionsfläche von Ich-Konzepten führte die Rationalisierungsdebatte quasi ad absurdum, weil in dieser Art der Marktbearbeitung offensichtlich sehr viel mehr Wertschöpfung lag, als die Standardisierungsdebatte jemals hätte einbringen können.

Beide Erkenntnisse, einerseits das Global Car nicht erfolgreich verkaufen zu können, und andererseits die erhöhte Komplexität segmentspezifischer Produkt- und Markendiversifikationen ordentlich honoriert zu bekommen, erzeugten neue Sichtweisen.

Die Erkenntnis, dass der Markt bereit war, den Transport von Ich-Konzepten in automobiler Form mit enormen Prämien zu bezahlen, war da. Als Konsequenz lag auf der Hand, dass sowohl in der Differenzierung der Produktkonzepte an und für sich als auch in der Segmentierung des Handlungsbereichs von Marken, die nur bestimmte Käufersegmente im Markt (präzise) ansprechen sollten, eine neue vielversprechende Chance lag.

Mehrmarkenstrategien im Automobilmarkt

Wenn man nun an dieser Stelle feststellen kann, dass die großen Gruppen im Weltmarkt (DaimlerChrysler, Volkswagen, Ford, General Motors, Fiat u.a.) mehrere Marken in ihrem Portfolio führen (müssen), stellt sich anschließend die Frage, wie eine solche Mehrmarkenstrategie aufgestellt sein muss und welche Rolle das Design dabei spielen sollte.

Eine nicht überraschende Aussage an dieser Stelle besteht darin festzustellen, dass der Handlungsraum der Marken untereinander weit genug entfernt sein sollte, um Irritationen oder sogar Kannibalisierungseffekte zu verhindern. Diese strategischen Handlungsfelder der Marken untereinander zu beschreiben, kann völlig unproblematisch sein und sich auf der Ebene des Faktischen (Preis, Leistung, etc.) erschöpfen. Ein Beispiel dafür wären die Marken Mercedes-Benz, Chrysler und Smart innerhalb des

DaimlerChrysler Konzerns. Irritierende Momente, die jeweiligen Markenversprechen angehend, können hier zumindest aus heuti ger Sicht auf die bestehenden Programme ausgeschlossen werden.

Sehr viel schwieriger stellt sich die Situation im Volkswagen Konzern mit den vier «Konsum-Marken» Seat, Skoda, Volkswagen und Audi und den vier «Premium-Marken» Lamborghini, Bugatti, Bentley und Rolls-Royce (aus der Berichtsperspektive 1999/2000) dar. Eine Marke Seat von Audi oder Skoda wirkungsvoll und dauerhaft abzugrenzen, erfordert ein anderes, komplexeres Verständnis der Wirkungsweise von Marken und ein dementsprechendes Instrumentarium zur Operationalisierung dieser Wirkungen.

Wenn man sich nun den schon erwähnten Begriff des Autos als «Projektionsfläche von Ich-Konzepten» in Erinnerung ruft, bedeutet dies für Volkswagen nichts anderes, als jeweils vier (Konsum-/Luxussegment) Ich-Konzepte durch deutlich voneinander unterscheidbare Marken zu unterstützen. Je besser es also gelingen würde, vier unterschiedliche, aber volumenseitig relevante Käufersegmente mit jeweils darauf zugeschnittenen Angeboten zu konfrontieren, umso erfolgreicher würde Volkswagen im Markt bestehen.

Auf die dominante Wichtigkeit visueller Parameter bei der Ausgestaltung der Marken braucht wohl an dieser Stelle nicht mehr hingewiesen zu werden. Es erscheint Generationen her, dass Autos sich über Leistung, gemessen in PS, Zylinder, Hubraum, Höchstgeschwindigkeit definierten. Kaum jemand kann dies heute noch für das eigene Fahrzeug in obigen Kategorien angeben. Demgegenüber eindeutig zugenommen hat die visuelle Kompetenz der Automobilkäufer, die differenzierte Betrachtung sowie das Lesen und Verstehen können selbstkonformer produktsprachlicher Zeichen. Gerade bei technikseitiger Homogenität der Produkte des Volkswagen Konzerns (Plattformstrategie) muss es darauf ankommen, jede Marke für sich wahrnehmbar und unterscheidungsstark neben der Schwestermarke zu positionieren. Nicht technisch, sondern deskriptiv und visuell, um der Marke einen «Korridor» zu öffnen, in dem sie sich mit ihren Produkten frei entfallen kann, jedoch bei gleichzeitiger Kenntnis des «Zauns» zur Schwestermarke, der nicht überstiegen werden darf. Aber es geht nicht nur um Abgrenzung, sondern auch gegebenenfalls um einen visuellen «Common Sense» innerhalb der Konzernfamilie. Denn durchaus erwünschte Trading-up-Momente, in denen Luxusmarken Konsummarken quasi im Windschatten mitziehen, sollen organisierbar werden. Wobei die Visualität dabei an die Grenzen ihrer Möglichkeiten stößt, eventuell ist die Konnotation, das Mitgenanntwerden der Konsummarken in der Aura der Markenfamilie der stärker zu bewertende Faktor. Abschließende Erkenntnisse liegen uns an dieser Stelle noch nicht vor.

In allererster Linie betreffen diese Designleitbilder das Produktdesign der jeweiligen Marken. Dies ist nicht von vornherein selbstverständlich, gibt es doch auch starke Marken, die über kein physisches Produkt verfügen und somit andere Elemente der Corporate-Design-Palette in den Vordergrund stellen müssen. Im Automobilbereich gibt es jedoch nur einen zentralen Markenbotschafter – und das ist das Produkt. Das Produktdesign ist also der entscheidende Auslöser, wenn es um die Aktivierung der Vorstellungswelten potenzieller Käufer geht.

Projekthintergrund im Volkswagen Konzern

Am Beginn der Entwicklung von Designleitbildern im Volkswgen Konzern zu Anfang der neunziger Jahre stand die sprachliche Barriere. Es wurde deutlich, dass nur mit Formulierungen, das heißt, semantischen Differentiatoren, keine befriedigende Definition vom «Kern» einer Marke möglich war. So entschied man sich für eine weitgehend visuelle Darstellung.

Im Jahr 1999 sollten diese Designleitbilder in den Fällen, in denen es sie schon gab, neu einjustiert und neu entwickelt werden für neue Marken des Konzerns. Vorläufer gab es schon bei VW, Seat, Skoda und Audi. Neuentwicklungen sollten stattfinden bei Lamborghini, Bugatti, Bentley und Rolls-Royce.

Die nachfolgend gezeigten Designleitbilder stellen die allgemeinste Konkretisierungsebene markenadäquater Gestaltung dar. Sie sind quasi Meta-Gestaltung und bieten dem nichtprofessionellen Gestalter, aber markenrelevant Entscheidenden im Unternehmen (Vorstand, Marketing, Vertrieb, Markenmanagement etc.) auf metaphorisch-allegorischer Ebene eine Plattform zur Diskussion, Feinjustierung und letztendlicher Verabschiedung. Dem professionellen Gestalter geben sie darüber hinaus eindeutige Hinweise auf nachfolgende Gestaltung bis in Details hinein. Letztendlich können sie allen externen Kommunikationsdienstleistern des Unternehmens wertvolle Hinweise auf Emotionalität, Tonalität, Duktus etc. der jeweiligen Marken geben.

Die Designleitbilder der Konzernmarken

Designleitbild Volkswagen

Designleitbild Audi

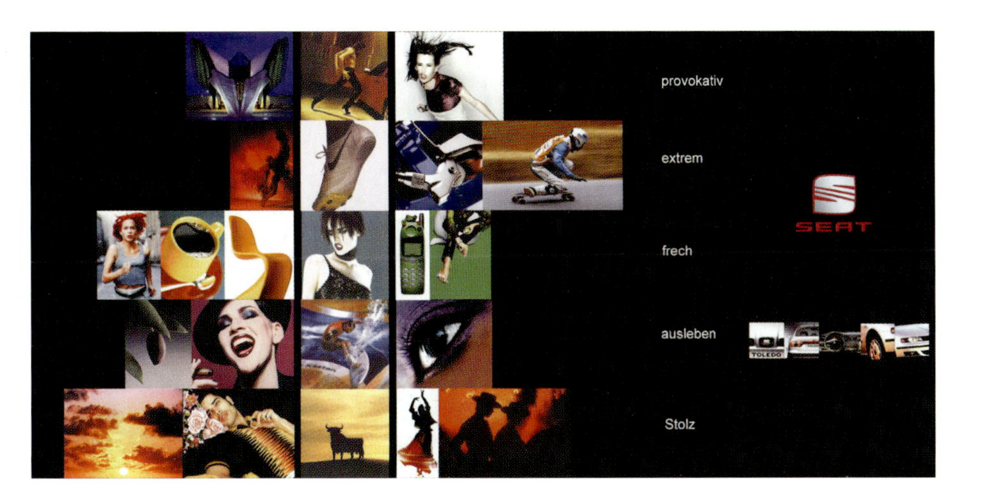

Designleitbild Seat

Designleitbild Skoda

Designleitbild Lamborghini

Designleitbild Bugatti

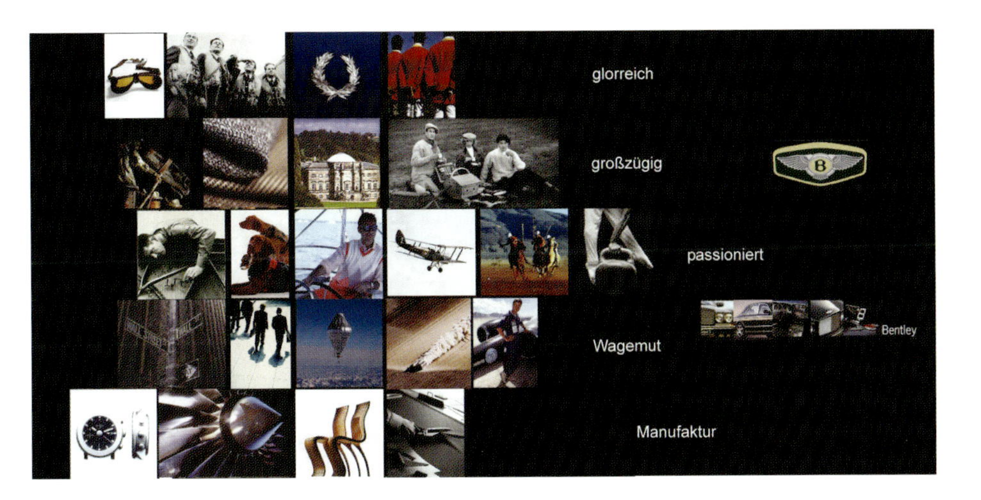

Designleitbild Bentley

Designleitbild Rolls-Royce

In der Nebeneinandersicht der Designleitbilder wird klar, wie eindeutig die Marken mit diesem fast spielerisch wirkenden Instrument von einander abgegrenzt werden. Auch durchaus im Gegensatz zu mancher sprachlichen Verrenkung, die man aus üblichen, rein deskriptiven Positionierungsbeschreibungen kennt, und die unter gestaltungsrelevanten Gesichtspunkten schlicht unbrauchbar genannt werden kann.

Einige Anmerkungen zum Umgang damit

Die Bedeutung von stimmigen Designleitbildern ist für den Nicht-Gestalter schwer nachzuvollziehen. Ein kleines Beispiel mag deren Bedeutung erläutern. Wenn in einem üblichen Briefingpapier ein Produktprofil verabschiedet wird, mit Parametern wie: unaufgeregte Gestaltung, weiche Übergänge, harmonisches, unakzentuiertes Farbkonzept, eher freundliche Anmutung etc., wird es im Moment der Designpräsentation absehbar erhebliche Unstimmigkeiten geben. Freundliche Anmutung – wie mag das aussehen? Eher kindlich? – Aber dadurch wird nur das eine Schlagwort durch ein anderes ersetzt. Eher weiblich? – Noch komplizierter! Oder harmonisches Farbkonzept: Ist das die Grau-Skala oder hellgrün/dunkelgrün oder creme/cognac? Die Beispiele ließen sich unendlich fortsetzen.

Da Gestaltung kein letztlich zu rationalisierender Vorgang ist, gilt es, ihm adäquate Hilfsmittel an die Hand zu geben. Hilfsmittel, die Gestaltern die notwendigen Informationen geben, um eine bestimmte Richtung ins Design zu bringen und die einen Diskurs unter Gestaltern möglich machen. Wenn sie sich außerdem noch dem Nicht-Gestalter erschließen und so eine gemeinschaftliche Auseinandersetzung ermöglichen, umso besser.

Designleitbilder geben also zuerst nur dem professionellen Gestalter und dem Entscheider den notwendigen Rahmen für den Entwurf und die Beurteilung eines neuen Produkts. Erst mit der Markteinführung kann das Material zur weiteren internen und externen Kommunikation genutzt werden.

Wenn die gezeigten Designleitbilder die «allgemeinste» Konkretisierungsebene markenkonformer Gestaltung genannt wurden, impliziert dies, dass es noch weitergehende Detaillierungen geben muss. Dies ist insofern richtig, als Designleitbilder in der gezeigten Form noch nicht in der Lage sind, die unterschiedlichen Anforderungen der Markenvisualisierung zu organisieren. Marke wird gesamtheitlich durch den Corporate-Design-Mix visualisiert, also durch das Zusammenspiel von dreidimensionalen Elementen (Produktdesign, POS Design, Messe-/Event-Design etc.), zweidimensionalen Elementen (Grafik-Design, Typografie etc.) sowie n-dimensionalen Elementen, mit denen alle Umsetzungen in den neuen Medien gemeint sein sollen. Für diese unterschiedlichen Ausgestaltungen von Marke muss es präzisierende, auf das jeweilige Aufgabenfeld eingehende Sub-Leitbilder geben, die die Arbeit von Typografen, Webdesignern, Messegestaltern etc. inspirieren und in einem Korridor einrahmen. Diese sind dann allerdings nur noch Werkzeug für Gestalter und nicht weiter auch Diskussionsplattform für markenrelevant Entscheidende aus anderen Unternehmensbereichen. Demzufolge wurden sie von Gestaltern aus dem Designleitbild abgeleitet und in spezifische Festlegungen (Guidelines) verarbeitet, die dann gemeinsam Grundlage aller an diesem Thema arbeitenden Kreativen sind.

Wenn es sich bei VW, Seat, Skoda und Audi nur um Neueinstellungen bestehender Leitbilder handelte, so war die Aufgabe ungleich schwieriger bei den Premium-Marken, die es entweder seit Jahrzehnten faktisch gar nicht mehr gab (Bugatti), die mit gravierenden Fragezeichen behaftet waren (Lamborghini), oder deren originäre Position im Laufe der Jahre gelitten hatte (Bentley). Da zu diesem Zeitpunkt nicht absehbar war, wie die Auseinandersetzung um Rolls-Royce letztendlich ausgehen würde, wurde auch diese Marke gleichberechtigt mitdefiniert. Aussagen zur inhaltlichen Positionierung werden nachvollziehbarerweise nicht durch das Designleitbild induziert, sondern sollten als Vorgabe vorhanden sein. Die Erfahrung hat allerdings gezeigt, dass die Visualisierung einer definierten (verbalisierten) Positionierung vielfach Grundlage weitgehender oder korrigierender Überlegungen war.

Die Stimmigkeit der erarbeiteten Position zu überprüfen, mag jeder Leser für sich vornehmen, weiterführende Aussagen zur inhaltlichen Hinterlegung können an dieser Stelle verständlicherweise nicht gegeben werden.

Letztendlich ist dies auch überflüssig, die Relevanz von Designleitbildern, die konsensstiftende Kraft und das narrative Potenzial, das in diesem innovativen Instrument zur Führung von Marken und Design liegt, erschließt sich auch ohne das. Designleitbilder als unverzichtbares Instrument der Führung von Mehrmarkenportfolios: ein neuer, vielleicht sogar ungewöhnlicher Beitrag zu einer Frage, die bisher aus anderen Perspektiven betrachtet wurde.

Wilkhahn – die Markenoffensive

Inhalt

Vita

Astrid Schicht, Jahrgang 1967, studierte Wirtschaftswissenschaften mit Schwerpunkt Marketing an der Universität Hannover. Anschließend arbeitete sie zwei Jahre als Kundenberaterin in der Werbung. Danach war sie im Bereich International Marketing Communications bei der Minolta Europe GmbH tätig. Seit 2000 ist sie Leiterin Marketing Kommunikation bei Wilkhahn und verantwortet die Markenführung sowie die Einführung und Umsetzung des neuen Corporate Designs.

Rainer Schilling, Jahrgang 1961, arbeitete von 1985 bis 1995 erst als Art und dann als Creative Director in internationalen Werbeagenturen. Danach verantwortete er als Leiter Corporate Design den Auftritt der Weltausstellung Expo 2000 in Hannover. Seitdem ist er bei design.net/Peter Schmidt Group als Executive Director tätig und berät Kunden wie zum Beispiel Lufthansa, germanwings, Wilkhahn und die Deutsche Messe AG.

Ein Unternehmen im Wandel

Wenige Unternehmen haben die Büro- und Objektmöbelbranche in Deutschland so geprägt wie Wilkhahn. Ob in der Architektur der Firmengebäude oder im Design der eigenen Produkte, Wilkhahn hat immer einen eigenen, wegweisenden Standpunkt eingenommen und diesen konsequent vertreten. Dieser Konsequenz und Produkten von hoher Qualität und Innovationskraft verdankt das Unternehmen Wilkhahn seinen internationalen Erfolg.

Wilkhahn ist eine Marke. Eine Marke, die sich über die Jahre zu einer umfassenden Persönlichkeit entwickelt hat. Eine Persönlichkeit, deren Facettenreichtum weit über das wirtschaftliche Engagement hinaus auch soziale und ökologische Werte beinhaltet. Auch in Zukunft soll Wilkhahn als starke Marke mit Persönlichkeit gelebt und wahrgenommen werden. Lange Jahre in erster Linie als Stuhlhersteller bekannt, bedient Wilkhahn mittlerweile das komplette Bürosegment sowie Konferenz- und Wartebereiche. Es wird weltweit in Großbanken und Konzernen bis in die Vorstandsetagen auf Wilkhahn Produkten gearbeitet und gesessen. Und selbst auf Reisen begegnet man Wilkhahn, wie in den Lounges und Wartebereichen der Flughäfen München und Hongkong. Mit hervorragenden Produkten und Leistungen will Wilkhahn seine Position weiter national und international ausbauen können. Dies bedarf weiterhin einer soliden Markenbasis. Um diese Basis zu festigen, muss jeder, der zum Erfolg der Marke Wilkhahn beitragen will, ein klares, möglichst eindeutiges Bild der Marke haben und um ihre charakteristischen Werte und Eigenschaften wissen.

Im Frühjahr 2001 hätte die Geschäftsführung Wilkhahns dieses Statement nicht so selbstbewusst abgeben wollen. Mehrere Wechsel in der Geschäftsführung hatten in den vergangenen Jahren zu einer wechselhaften Markenpolitik geführt. Die Geschäftsführer hatten mehr oder weniger erfolgreich versucht, dem Unternehmen Wilkhahn ihren Stempel aufzudrücken.

Konzentriert hatten sich diese Bemühungen zumeist auf die Produkte des Unternehmens. Neue Serien wurden gestaltet, neue Produktbereiche eingeführt. Innerhalb weniger Jahre wurden so zwei neue Bürostuhlserien, eine neue Kastenmöbelrange sowie mehrere Tischsysteme und Systemmöbel zur Präsentations- und Büroorganisation eingeführt. Das Design, wie von Wilkhahn zu erwarten, war zumeist hervorragend. Die Handschriften der

Designer fanden sich in hochqualitativ verarbeiteten Produkten zur Zufriedenheit derselben wieder. Allerdings zu Lasten einer eigenständigen Wilkhahn-Linie. Man konzentrierte sich auf die inneren Werte und kommunizierte als Basis aller Produkte Verarbeitungsqualität und die unbestreitbare Kompetenz bei den Themen Sitzen, Büro und Konferenz. Fachlich fundierte Publikationen fanden in Fachkreisen nicht nur Anerkennung, sondern auch mehr Nachahmung, als es dem Unternehmen Wilkhahn lieb sein konnte. Wilkhahn-Ideen wurden zum Allgemeingut und der Absender wurde dabei vergessen. Neue Unternehmen bewegten sich ins Rampenlicht und Wilkhahn immer mehr ins Abseits. Nicht nur der Verlust einer nachvollziehbaren Wilkhahn-Linie bei den Produkten wurde augenscheinlich, auch der Verlust der bisher hohen Marktpräsenz in Kompetenz und Design war zu beklagen.

Wie konnte das passieren? Neue Produkte, hervorragendes Design, große Innovationskraft, hohe fachliche Kompetenz, ein bekannter und geschätzter Name und dennoch schaffte es die Konkurrenz, Wilkhahn in die Defensive zu bringen? Wilkhahn hatte aufgehört, eine eindeutige Sprache zu sprechen. In der Kommunikation unterschied sich das Erscheinungsbild in den verschiedenen Medien so stark, dass man im Vergleich z. B. des Internetauftrittes mit der klassischen Kommunikation in Printmedien von zwei Firmen sprechen konnte. Wilkhahn hat sich in der beschriebenen Zeit sicher nicht nur mit sich selbst beschäftigt. Allerdings hat sich Wilkhahn auch nicht durch konsequente und offensive Markenpolitik hervorgetan. Welche Marke sollte denn auch auf dem Markt vertreten werden? Dazu existierten bei Wilkhahn in etwa so viele Meinungen wie Meinungsträger.

Das Projekt

Produkt, Design (Product Design und Corporate Design) und Kommunikation sind das Fundament, auf das ein Unternehmen seine Marke baut, auf das sich Vertrieb und Marketing genauso stützen wie Entwicklung und Produktion. Dieses Fundament zu festigen und damit eine Basis für ein umfassendes Markenverständnis im Unternehmen zu schaffen, ist unabdingbare Grundlage für ein langfristiges Überleben oder für das Etablieren einer Marke. Denn sprechen wir von einer Markenpersönlichkeit, muss uns klar sein, dass diese Person genauso interpretierbar ist wie eine reale Person. Sie kann von jedem in beliebige Schubladen gepresst werden. Geschieht dies einer Marke, können die Schubladen je nach Interpretation sehr unterschiedlich sein. Das

Bild der Marke verschwimmt zur Unkenntlichkeit. Die Marke verliert die Grundlage ihrer Existenz. Glücklicherweise ist eine Marke eine künstliche Persönlichkeit, die, gibt man ihr exakte Konturen, diese nicht eigenmächtig ändert. Geändert wird sie nur durch Inkonsequenz in ihrer Führung oder durch mangelndes Verständnis ihre Eigenschaften betreffend.

Deshalb ist es immer sinnvoll, diese Eigenschaften und den Umgang mit diesen bis hinein in die Gestalt gebenden Disziplinen zu fixieren. Bei Wilkhahn übernehmen diese Aufgabe lediglich drei Broschüren, von denen keine 28 Seiten überschreitet. Diese Betonung von Kürze trifft sicher auf Verständnis, macht man sich bewusst, wie klar und einfach Botschaften sein müssen, um Verbreitung, Merkfähigkeit und Akzeptanz über einen langen Zeitraum zu erlangen.

Alle drei Broschüren haben die gleiche Funktion: die Marke Wilkhahn konsequent zu strukturieren und alle Entscheidungsträger auf einer eindeutigen Ebene zu formieren. Denn nur so sind alle vorgenannten Bedingungen zu schaffen, die der Marke Wilkhahn eine aussichtsreiche Perspektive bieten.

Das Markenbrevier der Firma Wilkhahn
Das Corporate-Design-Manual
Das Designleitbild Produkte

Abbildung der drei Broschüren

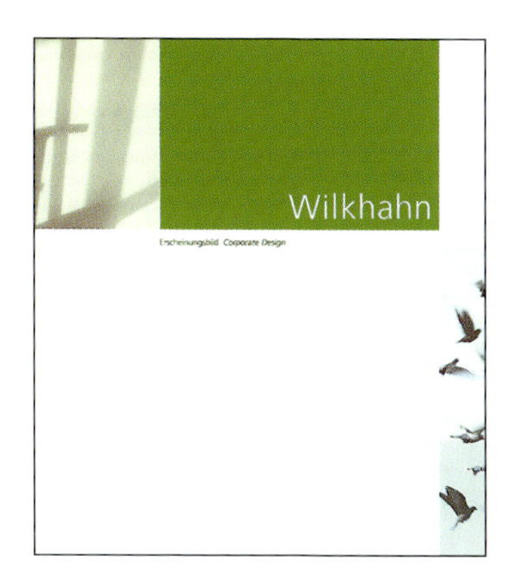

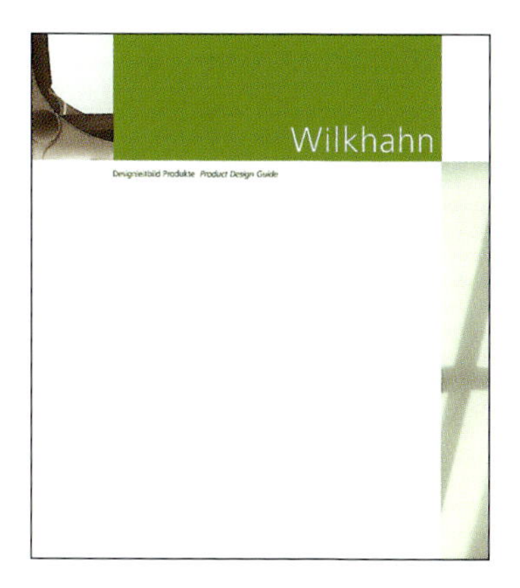

Das wichtigste Instrument zur Schaffung eines Konsenses zur inhaltlichen Ausrichtung des Unternehmens ist dabei das Markenbrevier – «Wilkhahn die Marke». Das Markenbrevier ist eine Zusammenfassung dessen, was jeder im Führungskreis des Unternehmens in Bezug auf die Identität des Unternehmens denkt oder denken sollte, um ein klares Bild der Marke vermitteln zu können. Erarbeitet wurde dieses Bild mit den Entscheidern in der Unternehmensführung. Ein Prozess, der fundierte Analysen, Umfragen und eine bewusste Auseinandersetzung mit existenziellen Fragestellungen zum Unternehmen forderte.

Nur so gelangte man zu einem gemeinsamen internen Verständnishorizont charakteristische Werte und Eigenschaften des Unternehmens betreffend. Erst dies ermöglichte eine klare Formulierung von Wertvorstellungen nach außen. Damit ist nun wieder die Prägnanz zu erreichen, die eine erfolgreiche Marke braucht.

Marke und Markenwerte

Die Eigenschaften der Marke müssen beschrieben werden. Je eindeutiger desto besser. Eine Markenpersönlichkeit definiert sich über bestimmte Werte und individuelle Eigenschaften. Einige von ihnen bilden den festen Kern der Marke, andere kommen eher situationsbedingt zum Tragen. Allen ist gemein, dass sie die Marke charakteristisch und einzigartig machen. Sie sind gleichzeitig Versprechen und Zielsetzung für alle, die mit der Marke zu tun haben. Diese Eigenschaften sind die Markenwerte. Die wichtigsten Markenwerte bilden den Kern der Marke. Eine exakte Beschreibung dieser Werte lässt sich durch Benennung, verdeutlicht durch Attribute und emotionale Stützung durch Bilder erreichen.

Eine klar profilierte Marke lässt sich in wenige Worte fassen. Diese Beschreibung bildet die Kernaussage über die Identität eines Unternehmens. Sie fasst die Werte des Markenkerns in wenigen Sätzen zusammen. Für Wilkhahn lautet diese Kernaussage:

«Wilkhahn ist eines der führenden Unternehmen der Büro- und Objektmöbel-Branche weltweit. Unsere Möbel zeichnen sich durch zeitstabiles Design, innovative Technik und hohe Qualität aus. Wir sind Garant für einen menschlichen und verantwortungsvollen Umgang mit den Bedürfnissen unserer Kunden in ihren Arbeitswelten und Lebensräumen.»

Markenwerte/Markenattribute von Wilkhahn

Design	Eigenständigkeit – Durchdringung – Purismus – Faszination
Innovation	Evolution – Überzeugung – Neugier – Auseinandersetzung
Qualität	Kontinuität – Maßstab – Perfektion – Erlebbarkeit
Verantwortung	Bewusstsein – Menschlichkeit – Reflexion – Selbstverständlichkeit
Service	Verbindlichkeit – Professionalität – Internationalität – Engagement
Tradition	Erfahrung – Identität – Authentizität – Entwicklung
Körpergefühl	Gleichgewicht – Leichtigkeit – Lebensnähe – Selbstbestimmung

Welche Emotionen dieser durch Werte und Kernaussage beschriebenen Persönlichkeit anhaften, lässt sich am besten zeigen und nicht beschreiben. Denn Emotionen werden sicherlich eher durch Bilder, als durch schwarz auf weiß gehaltene Beschreibungen geweckt.

Design Innovation Qualität

Verantwortung Service Tradition Körpergefühl

Abbildung der Markenwerte mit Bildern, Markenleitbild von Wilkhahn

Der Markenwert Design

Die Festlegung der Markenwerte zur Schaffung einer homogenen und zeitbeständigen Markenpersönlichkeit ist unabdingbar. Der Einsatz in der Kommunikation des Unternehmens wird hierüber gesteuert. Ebenso wichtig ist die Funktion des Markenleitbildes auch im täglichen Arbeitsprozess eines Unternehmens. Bei Wilkhahn ist zum Beispiel der Markenwert Design neben Innovation Teil des Markenkerns und somit wichtigster Faktor für die Bemessung unternehmerischer Entscheidungen. Wir sind uns im Klaren, wie interpretierbar der Begriff Design ist – sowohl formal, als auch qualitativ. Auch wenn wir für Wilkhahn den Begriff Design über die Attribute Eigenständigkeit, Durchdringung, Purimus, Faszination im Markenleitbild verdeutlichen konnten, erschien uns dieser Markenwert so entscheidend, dass wir ihn als inhaltliche Grundlage zur Formulierung eines Designleitbildes für Wilkhahn-Produkte nahmen und dies in einem Design-Brevier festhielten. Hintergrund des Designleitbildes für Produkte ist die Tatsache, dass das Product Design charakteristischer Ausdruck der Marke Wilkhahn ist. Dabei war sicherzustellen, dass Wilkhahn-Produkte sich auf eine Grundaussage konzentrieren, die bei allen gestalterischen Prozessen nachvollzogen wird. Denn nur dann können diese Produkte das einheitliche Markenbild des Unternehmens vervollständigen und weiterhin eigenständig und bestimmend im Markt erscheinen. Deshalb war es notwendig, alle Designprozesse in der Entwicklung von Wilkhahn-Produkten zu bündeln und eine umfassende Verständnisebene für den Begriff «Wilkhahn Design» zu schaffen.

Das Design-Brevier veranschaulicht an Hand eines Design-Korridors die gestalterische Grundaussage von Wilkhahn. Gleichzeitig zeigt der Design-Korridor jedem Gestalter auch die individuell begehbaren Nebenwege. Grundsätzlich gilt aber: Nur Produkte, die sich in diesen Korridor einordnen lassen, weisen die Eigenschaften auf, die ein Produkt unverwechselbar zum Wilkhahn-Produkt machen. Der Design-Korridor ist die Interpretation des Markenwertes Design in ein Arbeitsinstrument zum Briefing der Entwickler und Gestalter. Aber auch Maßstab zur firmeninternen Reflexion.

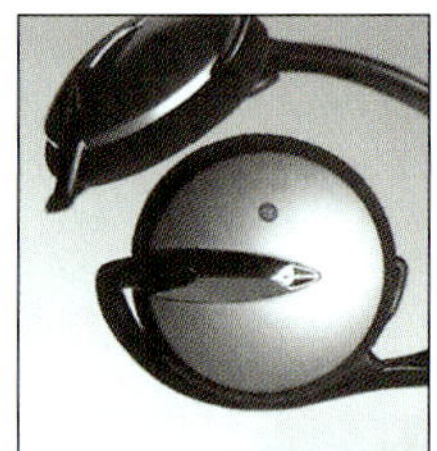

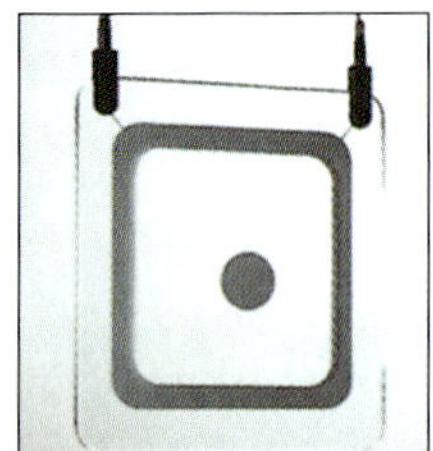

Dynamische Innovation: neue Materialien, innovative Textilien, dynamische Formelemente

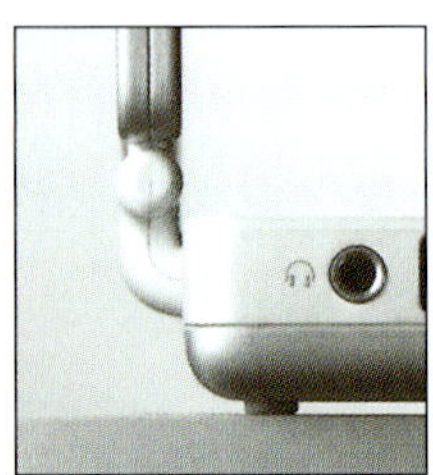

Technischer Minimalismus: Konzentration auf geometrische Grundformen, Anwendung des Prinzips der symmetrischen Orientierung, Farb- und Materialpurismus

Moderne Klassik: traditionelle Materialien, hochwertige Verarbeitung, Zeitlosigkeit

Das Design von Wilkhahn-Produkten bewegt sich in einem Korridor zwischen dynamischer Innovation und moderner Klassik. Die zentrale Aussage von Wilkhahn-Produkten heißt «Technischer Minimalismus» und ist die Hauptausrichtung des Design-Korridors.

Produkte können je nach Sortimentsausrichtung einen formalen Schwerpunkt in einer Richtung haben, weisen aber immer Elemente der zentralen Design-Aussage auf. Varianten eines Produkts können sich über die gesamte Breite des Korridors erstrecken. Neu erfunden wurde das Wilkhahn-Design dabei nicht. Aber in einem Workshop mit der Geschäftsführung und den Verantwortlichen für das Wilkhahn-Design haben wir die Grundregeln festgeschrieben und ausformuliert. Jeder, der sich mit diesem Designleitbild auseinandersetzt, wird verstehen, was Wilkhahn-Produkte in der Vergangenheit ausgemacht hat und was diese in Zukunft ausmachen wird.

Zum Beispiel Modell Modus:

Design-Korridor Modus

Das Grundmodell Modus Basic entspricht in seiner Klarheit der zentralen Designausrichtung «Technischer Minimalismus». Wir beziehen uns hier auf zurückhaltenden und selbsterklärenden

Einsatz von Material und Anwendungstechnik, auf das Stichwort «Sitzen ohne Führerschein» und die formale Entsprechung dieser reduktiven Haltung im Design.

Kennzeichen sind:
- Konzentration auf geometrische Grundformen
- Das Prinzip der symmetrischen Orientierung
- Farbpurismus (keine auffällige Mehrfarbigkeit)

Der Modus Small mit membranartiger Bespannung vertritt die «Dynamische Innovation».

Kennzeichen sind hier:
- Neue Materialien
- Innovative Textilien
- Dynamische Formelemente

Der Modus Medium in seiner Chefsesselanmutung in Leder wird der «Klassischen Moderne» zugeordnet.

Kennzeichen:
- Traditionelle Materialien
- Hochwertige Verarbeitung
- Zeitlosigkeit

Wie der Modus so lassen sich natürlich alle Produkte, existierende und in der Entwicklung stehende, auf ihre Wilkhahn-Passung überprüfen. Es werden klare Festlegungen getroffen, wie verschiedene Marktsegmente bedient werden können. Ein Weg für die zukünftigen Entwicklungen ist, bei aller Offenheit, vorgegeben. Ein Schritt zur konsequenten Markenführung.

Corporate Design – kontrollierte Qualität

Weiterhin gehören zum perfekten Instrumentarium ohne Zweifel die Vorgaben zur Unternehmensdarstellung. Festgehalten im Corporate-Design-Manual. Warum wird deutlich, wenn wir zusammenfassen, welche Leistungen unter dem Stichwort Corporate Design bei Wilkhahn subsumiert werden. Nämlich alle aus Kundensicht ein Unternehmen prägende Faktoren. Das Firmenerscheinungsbild im weitesten Sinne, bis zu architektonischen Festlegungen und Fragen des Public Designs über Firmenkommunikation bis zur Produktentwicklung bzw. zum Product Design, werden durch Vorgaben und Entwicklungen im CD bestimmt oder können zumindest prägend beeinflusst werden.

So nimmt das Corporate Design, neben seiner Funktion als Qualitätsbringer und roter Faden in Sachen Gestaltung, eine oft unter- bewertete weitere Funktion ein – die der «freiwilligen Selbstkontrolle». Freiwillige Selbstkontrolle für Gestalter aller Ebenen sich am Gegebenen zu orientieren, um im Sinne einer guten Markenarbeit einem Auftraggeber nicht nur Gestaltung und Innovation zu bieten, sondern auch die Sicherheit, entweder einen jahrelang fortschreitenden Prozess konsequent und gut weiterzuführen oder einen stabilen Prozess in Gang zu setzen. Durch diese Qualitäten wird das Corporate Design zum tragenden Element jeglicher Markenführung.

Auf Seiten der Auftraggeber bewirkt diese freiwillige Selbstkontrolle durch Corporate Design oft eine neue, weniger von persönlicher Meinung und Ehrgeiz geprägte Grundhaltung zu Design-Projekten jeglicher Couleur. Konsequenz im Sinne einer guten Markenführung wird zum Entscheidungskriterium. Dies vereinfacht natürlich das kontrollierte Führen von Design-Projekten. Es grenzt Design-Projekte aus, die sich später als nicht zielführend für die Marke erweisen könnten, denn die grundsätzliche Design-Haltung ist formuliert und bleibt unabhängig von den jeweils agierenden Personen nachvollziehbar. Fest verankerte und abrufbare Markenprofile und deren sichtbare Erscheinungsformen, denn etwas anderes sollte CD letztendlich nicht sein, dienen also dazu, die verschiedensten Kräfte, die an einem Unternehmen zerren, immer auf den richtigen, der Marke dienlichen Weg zu führen.

Gelingt es, ein CD auf diese Weise im Unternehmen zu installieren, dann wird es zum Kontrollinstrument und wird dann nicht nur der guten Form und Gestaltung dienen, sondern helfen, das Unternehmen vor unnötigen und unsinnigen Ausgaben in Markenführung, Produktentwicklung, Design und auch Kommunikation zu schützen. Auch hierzu braucht es verbindliche, nachlesbare Aussagen. Diese finden sich im Corporate-Design-Manual. Basiselemente des Corporate Design erfahren hier ihre zeitgemäße Interpretation und werden gleichzeitig für ihre Verarbeitung fest geschrieben und erklärt. Logo, Schrift, Farbe, Vorgaben für Broschüren, Geschäftspapiere und Screendesign, bis zum Verkaufs- und Ausstellungsraum sorgen für eine eindeutige Sprache über alle Ebenen der Kommunikation. Jedes dieser Elemente hat Markenrelevanz.

So erschien uns in Zeiten des kommunikativen Overkills ein einfaches Farb-Branding für Wilkhahn wichtig. Eine Farbe kann für ein Unternehmen stehen. Nicht zwei oder drei. Eine eigenständige Farbe wie das Wilkhahn-Grün läßt sich nicht übertreffen. Geschmacksfragen sind dabei nicht relevant. Anders die Wortmarke. Diese unterliegt der Evolution (nicht der Revolution, wohl gemerkt). Sie braucht im Sinne der Markenentwicklung die Anpassung an die Zeit und die Sehgewohnheiten der Menschen.

Altes und neues Logo

Wilkhahn

Wilkhahn

Denn es ist klar, ein Stehenbleiben ist nicht nur für das Markenzeichen, sondern für die Marke an sich genauso schädlich wie eine zu schnelle und ungelenkte Metamorphose.

Die Unternehmensführung von Wilkhahn hatte Anfang 2001 erkannt, dass zumindest einem Teil der Herausforderungen, die das Unternehmen in das neue Jahrtausend begleitet hatten, mit einer konsequenten Markenführung zu begegnen ist. Dies wurde auch mit bewunderswerter Stringenz und Geradlinigkeit umgesetzt. Nach kurzer Zeit, zur Büromöbel Messe in Köln 2002 (Orgatec), konnte Wilkhahn schon die Früchte ernten. Vertrieb, Kunden und Wettbewerb präsentierte Wilkhahn eine selbstbewusste und offensiv geführte Marke. Eine Marke, die keinen Zweifel an ihrer marktführenden Position aufkommen lässt.

«Alles im Fluss» – Energie als Elektrizität dienstbar machen – Identitätsentwicklung im Mittelstand – Wöhner Elektrotechnische Systeme

Inhalt

Vita

Frank Wöhner, Jahrgang 1961, ist seit 1994 geschäftsführender Gesellschafter der Wöhner GmbH & CO. KG, Rödental. Nach einer kaufmännischen Ausbildung arbeitete er 1983 bis 1984 als Konstrukteur bei einem Unternehmen der Elektrobranche in England. 1985 trat er in den elterlichen Betrieb ein. 1989 bis 1992 war er Berater in einer schweizerischen Unternehmensberatung und von 1992 bis 1995 Geschäftsführer eines Unternehmens der Möbelindustrie. Seit 1996 leitet er in dritten Generation das Unternehmen Wöhner.

Christiane Scharpf, Jahrgang 1960, studierte Innenarchitektur an der Fachhochschule in Wiesbaden. Nach dem Diplom folgten Planungstätigkeiten als freie Innenarchitektin und in angestellter Position in der Industrie. Schwerpunkte lagen hier in der Entwurfs- und Ausführungsplanung mit Bauüberwachung für Kunden wie die Deutsche Bank, IBM, Sparkassen und Volksbanken. Ab 1998 arbeitete Christiane Scharpf als freie Mitarbeiterin für design.net und ist seit 2002 Consultant bei Peter Schmidt Group.

Das Unternehmen Wöhner

Das Unternehmen Wöhner mit Sitz im fränkischen Coburg stellt elektrotechnische Produkte und Systeme für den Verteiler-, Steuerungs- und Schaltanlagenbau her.

Der 1929 von Alfred Wöhner gegründete Montagebetrieb für elektrotechnisches Installationsmaterial begann zunächst in den 30er Jahren mit der Konstruktion und Herstellung von Sicherungssockeln. Wöhner hat sich von Beginn an innovativ präsentiert und als eines der ersten Unternehmen den Isolierstoff Porzellan durch Kunststoff ersetzt. Ende der 70er Jahre des 20. Jahrhunderts entwickelte Wöhner die so genannte Sammelschienentechnik, deren herausragende Eigenschaften die Platzreduktion im Schaltschrank und die sowohl einfachere als auch zeit- und kostensparende Montage sind. Dieses Produkt leitete im Hause Wöhner den Wandel vom Lieferanten für Sonderartikel hin zum Systemanbieter ein.

Wöhner-Produkte werden an die weiterverarbeitende Industrie (Original Equipment Manufacturer = OEMs), an Schaltanlagenbauer und zu einem kleineren Teil auch direkt an das Elektrohandwerk vertrieben. Die ausschließlich in Deutschland produzierte Sammelschienentechnik kommt weltweit zum Einsatz. Sämtliche Arbeitsgänge – von der Entwicklung, über den Werkzeugbau, bis hin zur Montage – können im eigenen Haus bzw. in eigenen Sub-Unternehmen durchgeführt werden.

Seit Mitte der 80er Jahre konnte das Unternehmen ein starkes Wachstum verzeichnen. Wöhner setzte auf kontinuierliche Anpassung des Angebots an den technischen Entwicklungsstand und auf die Bereitstellung individueller Lösungen für die Bedürfnisse der Kunden. Eine über viele Jahre hinweg konsequent gepflegte Beziehung zu Kunden ermöglichte ein ausgewogenes Preis-/Leistungsverhältnis.

Ausgangssituation und Problematik

Im Bereich der Sammelschienen-Systemtechnik ist Wöhner Marktführer und verfügt über ein weltweit operierendes Vertriebsnetz. Für OEM's besteht außerdem die Möglichkeit, bei entsprechender Auftragshöhe, das System mit dem eigenen Markenzeichen (Brand-Label) versehen zu bekommen. Diese Vereinbarung hat einen (neben vielen anderen positiven) nachteiligen Nebeneffekt: Als Markenname blieb Wöhner unbekannt.

Auch Wettbewerber, die das Produkt modifiziert nachbauten, konnten damit größere Bekanntheit erlangen als Wöhner selbst.

Mit hervorragenden Produkten wurde eine quantitative und qualitative Marktführerschaft erzielt, der Bekanntheitsgrad bei Anwendern blieb jedoch unbefriedigend.

Vorgehensweise – Status quo-Ermittlung

Der Beschluss, die Leistung des Unternehmens besser und kompetenter zu visualisieren, führte zur Zusammenarbeit mit externen Beratern: design.net/Peter Schmidt Group ermittelten zunächst den Status quo des Unternehmens.

Mittels
- Produkt- und Sortimentsanalysen,
- Markt- und Wettbewerbsanalysen,
- Design-Potenzialanalysen

wurden folgende Themenschwerpunkte überprüft:
- Image und Bekanntheit von Wöhner bei Kunden und ausgewählten Zielgruppen;
- der Unternehmensauftritt von Wöhner und relevanten Wettbewerbern;
- die Erwartungshaltungen und Anforderungen von Kunden, vor allem an die Kommunikationsmittel.

Dabei wurde festgestellt, dass zwischen Selbst- und Fremdbild eine hohe Diskrepanz bestand. Auch bestätigte sich die Vermutung, dass weder die hervorragenden Produkte noch das stimmige Preis-/Leistungsverhältnis zu einem wünschenswerten Bekanntheitsgrad bei den Anwendern geführt hatten.

Weiterhin wurde transparent, dass sich branchenweit die Kommunikationsmittel im Allgemeinen auf Produktinformationen beschränkten. Dieses war umso erstaunlicher, da die Produkte im Bereich der elektronischen Systeme funktional nur unwesentliche Unterscheidungsmerkmale aufweisen. Dennoch konzentrierte man sich überwiegend auf eine «faktische» Kommunikation, ohne den Versuch zu unternehmen, alternative Kommunikationsinhalte zu aktivieren.

Die poetische Formulierung der zentralen Aufgabe, «Energie als Elektrizität dienstbar zu machen» stand bei Wöhner einer extrem technischen Produktauffassung und einer nüchternen Kommunikation gegenüber.

Diese Erkenntnisse gaben den Anstoß für die Unternehmensleitung, eine ganzheitliche Neugestaltung des Firmenauftritts zu beschließen, der weit über das hinausgehen sollte, was bisher in der Branche üblich war und aktiv Elemente miteinbeziehen sollte, mit denen man Neuland betrat.

Altes Produktdesign, alte Broschüre

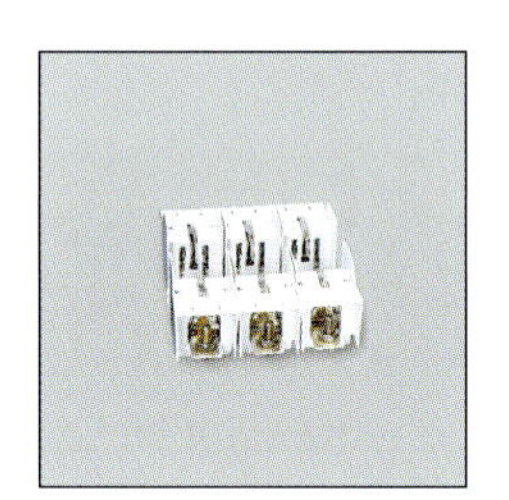

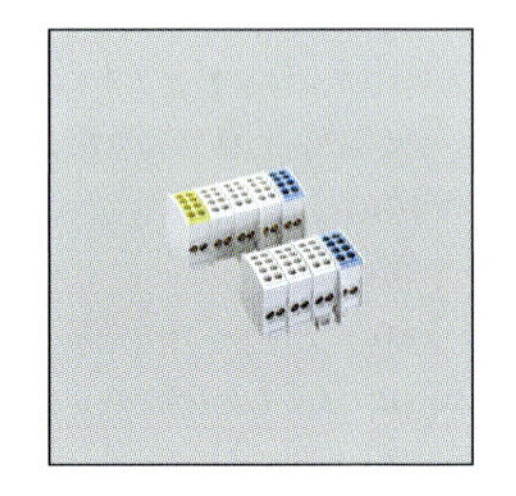

Strategie

Nach der Auseinandersetzung mit der Identität, den Stärken und Schwächen des Unternehmens war es möglich, eine Strategie für das Unternehmen Wöhner zu entwickeln. Als vorrangiges Ziel bei der Planung einer zukünftigen und langfristigen Unternehmensstrategie wurde die Steigerung der Wettbewerbsfähigkeit formuliert (nicht zuletzt auf internationaler Ebene). Eine Neupositionierung auf Basis der aus den Analysen gewonnenen Erkenntnisse sah eine Verbesserung in Sachen «Vermittlung von Glaubwürdigkeit» vor. Als weiteren wichtigen Aspekt hatte man vertrauensbildende Maßnahmen beschlossen, da Vertrauen zu erzeugen nicht nur eine evidente Maßnahme des wirtschaftlichen Handelns, sondern besonders wichtig für Unternehmen ist, die Unterscheidungsprobleme zum Wettbewerb haben. Als viel wesentlicher noch sollte ein Begriff Gestalt bekommen, den man in der Branche nicht verwendete – «Faszination». Wöhner sollte ein faszinierendes Unternehmen werden, vielleicht der radikalste Anspruch, den man in einer Branche wie der Elektrotechnik überhaupt entwickeln kann. Faszinierend in allen kommunikativen Elementen, im Print, im Produktdesign, in den neuen Medien, auf der Messe, schlichtweg überall. Deshalb wurden Leitbilder für Marke, Kommunikation und Design erarbeitet, vor allem um dem Thema Design schon vorab den Nimbus «des großen Unbekannten» zu nehmen. Design sollte zukünftig als dritte Säule neben Innovationskraft und Preis-/Leistung im Leistungsportfolio stehen.

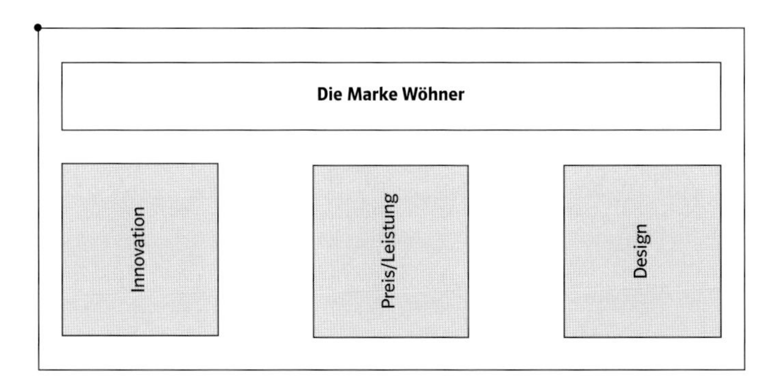

Eine entsprechende Marken- und Designplanung sollte:
- eine deutliche Differenzierung auf dem bisher weitgehend uniformen Markt erreichen,
- das Unternehmen ins Bewusstsein relevanter Zielgruppen bringen,

- die Leistung von Wöhner kompetent visualisieren,
- eine ganzheitliche Veränderung bewirken.

Umsetzung

Die Zusammenarbeit zwischen dem Unternehmen Wöhner und design.net/Peter Schmidt Group wurde 1994 gestartet und führte von der strategischen Positionierung über die Gestaltung des Corporate Design in allen Elementen und Leistungsbereichen hin zu einer dauerhaften Partnerschaft, die auch die gesamte Umsetzung der Mehrzahl der Maßnahmen bis zum heutigen Tag beinhaltete. Die enge Zusammenarbeit zwischen Beratern und Kunden ist ein wesentliches Element des Beratungsprozesses. Bei der teamorientierten Lösung von Aufgaben entstehen tiefe Kenntnis und hohes Vertrauen.

Die Neuausrichtung wurde im Hause Wöhner aktiv von der Geschäftsleitung mitgestaltet. Für die operative Zuständigkeit zeichneten die Abteilungen Marketing und Technische Entwicklung verantwortlich. Durch die seit 1994 bestehende Zusammenarbeit und die frühzeitige Einbindung von design.net/Peter Schmidt Group in die Veränderungen von Wöhner konnte ein lückenloser Markenentwicklungsprozess generiert werden.

Ablauf des Projekts in der Übersicht

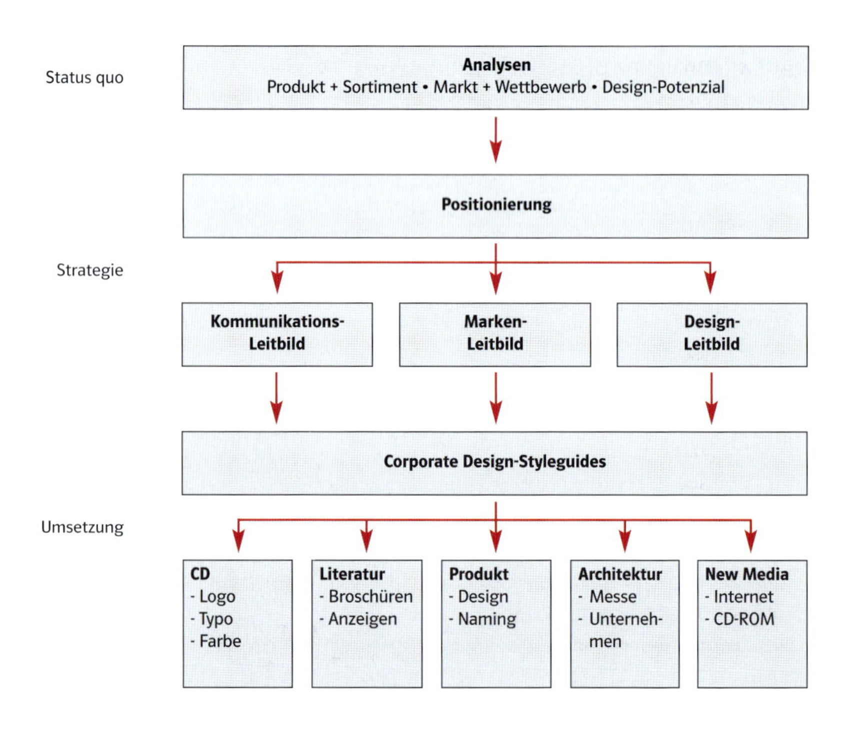

Corporate Identity und Corporate Design

Für ein stark wachsendes Unternehmen ist ein nach außen und innen einheitliches, unverwechselbares Erscheinungsbild unerlässlich. Die Unternehmensidentität trägt die Grundsätze und die Visionen des Unternehmens ebenso in sich wie dessen Historie, seine Leistungen und Werte. Die Voraussetzung für eine erfolgreiche Corporate-Design-Strategie ist zunächst eine klare Definition des Selbstbildes. Die Persönlichkeitsmerkmale als wesentliche Bestandteile der CI müssen nachfolgend im Corporate Design anschaulich vermittelt werden. Sie bilden die Basis für eine erfolgreiche Kommunikation und werden auch für die Auswahl der Stilprinzipien des Product Design herangezogen. Gemeinsam mit der Design-Management-Beratung wurde das Selbstbild des Unternehmens in Workshops ermittelt.

Resultat: das Wöhner-Unternehmensmanifest

«Die erfolgreiche Entwicklung des Unternehmens ist gekennzeichnet durch ein ausgewogenes Verhältnis bewahrender, stabilisierender und verändernder Kräfte. Sie zeugt von fundiertem Verständnis der ökonomischen und sozialen Verhältnisse. Teamarbeit, Kooperation und Innovation, visionäres Denken und Risikofreudigkeit charakterisieren den Geist des Unternehmens. Sie bilden einerseits die Grundlagen für die Sicherung der Kontinuität und ermöglichen andererseits das schnelle und flexible Reagieren auf Markt- und Umweltveränderungen. Wachstum und Expansion entwickeln sich erfolgreich auf der Basis dieser Unternehmenswerte.

Umfassende Kompetenz im Bereich der Sammelschienen-Systemtechnik prägt das unternehmerische Wirken von Wöhner. In den spezifischen Bereichen der Elektrotechnik wird das komplette Spektrum von der Analyse der Marktanforderungen und Kundenbedürfnisse über Service- und Supportfunktionen sowie Projektierungsberatung bis hin zur individuellen Fertigung geboten.

Qualität ist ein Grundsatz der Wöhner-Unternehmensaktivitäten. Die seit jeher anspruchsvollen Anforderungen in dieser Hinsicht werden durch einen hohen Betriebsstandard, gezielte Forschungsarbeit, kompetente Entwicklung und fortschrittliches Marketing erzielt. Seit 1994 wird nach der weltweit als Maßstab für systematisches Qualitätsmanagement geltenden Zertifizierung ISO 9001 gearbeitet.»

Auf der Grundlage dieses vielschichtigen Unternehmensportraits wurden in intensiver Auseinandersetzung die Faktoren
- Innovationskraft,
- Verantwortung,
- gewachsene Erfahrung,
- Internationalität,
- Charakter,
- Vitalität,
- Dynamik

als zentrale Markenwerte definiert.

In allen Einzelbereichen der Corporate-Design-Entwicklung dienen die genannten Markenwerte als Grundlage. Ihre Bedeutung für das Profil des Unternehmens ist beständig, die Gewichtung der einzelnen Faktoren kann sich je nach aktuellem Interessensschwerpunkt verlagern.

Die neue Positionierung von Wöhner lautet wie folgt:

- Wöhner ist die Fachmarke für elektronische Systeme.
- Wöhner steht für Kompetenz, Innovation und Dynamik.
- Die Produkte von Wöhner sind geprägt von höchster Qualität in Technik, Funktion und Design.
- Die Kommunikation von Wöhner richtet sich an anspruchsvolle Anwender, die Wert auf Interaktion legen und Inhalt und Verpackung gleichermaßen zu schätzen wissen.

Konzept

Ein neues Bewusstsein im Hause Wöhner war geweckt und das Verständnis für ein «ganzheitliches Konzept» zur Unterscheidung vom Wettbewerb wurde von allen Mitarbeitern begrüßt. Das Erstaunen darüber «wie anders und interessanter man über Wöhner und die Thematik Elektrotechnik reden kann» führte zu einer Aufbruchstimmung in Sachen Kommunikationspolitik.

Es wurde beschlossen, das ureigene Thema der Wöhner-Tätigkeit aufzugreifen: die Energie! Im Gegensatz zum bisherigen Sprachgebrauch, der Kommunikation von Maßen, Leistungen, Kennwerten und anderen «hard facts» sollte zukünftig dokumentiert werden, dass eine große Faszination in der Beherrschung der Elektrizität mit all ihren Urgewalten liegt.

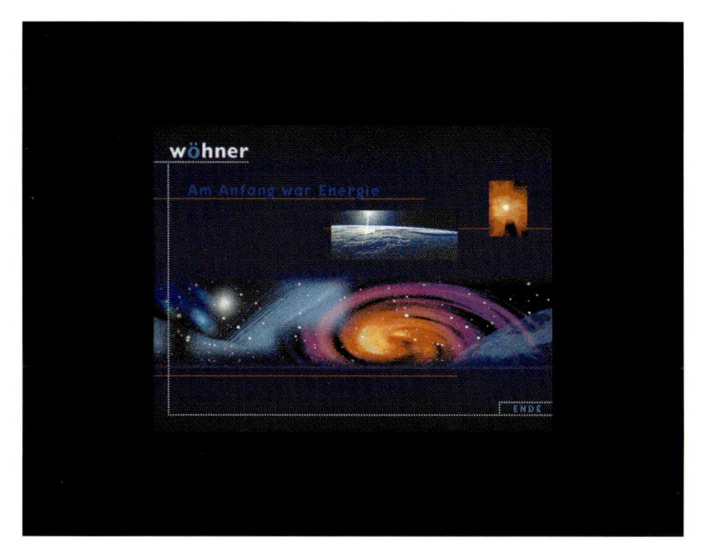

Ausschnitt aus Flash Animation auf der CD-ROM «Wökat»

Product Design – die höchste Hürde zuerst nehmen!

Zu behaupten, dass der Prozess bei Wöhner von Anfang an nur Freunde gehabt hätte, wäre unglaubwürdig. Im Kommunikationsbereich gab es durchaus Zurückhaltung aber auch verhaltenes Interesse an den potenziellen Optionen. Als jedoch auch das Thema Product Design zur Behandlung aufgerufen wurde, war der Bereich des Vorstellbaren überschritten. Produktdesignstrategien zur Stärkung einer Markenposition – und das in der Elektrotechnik? – unvorstellbar.

Erst durch die von design.net AG/Peter Schmidt Group und einem externen Designer in Kooperation vorgenommene, autonom, d.h. ohne Beteiligung des Unternehmens, durchgeführte Designentwicklung eines Kernprodukts der Firma Wöhner konnte das Eis gebrochen werden. Anhand eines heute noch wegweisenden «Leitprodukts» wurden gestalterische Spielräume nachgewiesen und Funktionalitäten überprüft.

Seit diesem Zeitpunkt ist das Produktdesign eine der stärksten «Waffen» von Wöhner und voll im Unternehmen akzeptiert. Ein normaler Prozess der Designentwicklung konnte gestartet werden.

Das Leitprodukt

Grundlagen für die Entwicklung eines Wöhner-spezifischen Produktdesigns bilden im Wesentlichen die Persönlichkeitsmerkmale des Unternehmens, die Auswahl geeigneter Stilprinzipien und Produktmerkmale.

Unter Stilprinzipien sind keine üblichen Designstile zu verstehen, wie z. B. der «Funktionalismus» oder die «Postmoderne», sondern es sind ästhetische Stereotype, aus denen Produktdesign seine spezifische Anmutung bezieht: für Grundkörper des Produktes sowie für einzelne Details und Elemente.

Der Einsatz von Stilprinzipien ermöglicht die formal-ästhetische Fokussierung auf bestimmte strategisch-adäquate Felder.

Stilthemen wie
- konstruktiv,
- kubisch,
- grafisch,
- brachial,
- amorph,
- robust u. a.

wurden mit den Wöhner-Persönlichkeitsmerkmalen abgeglichen.

Die beiden Stilprinzipien «amorph» und «robust» wurden zu den ästhetischen Leitfiguren einer neu zu begründenden Wöhner-Produktdesign-Strategie erklärt.

Stilprinzip-Collage «Amorph»

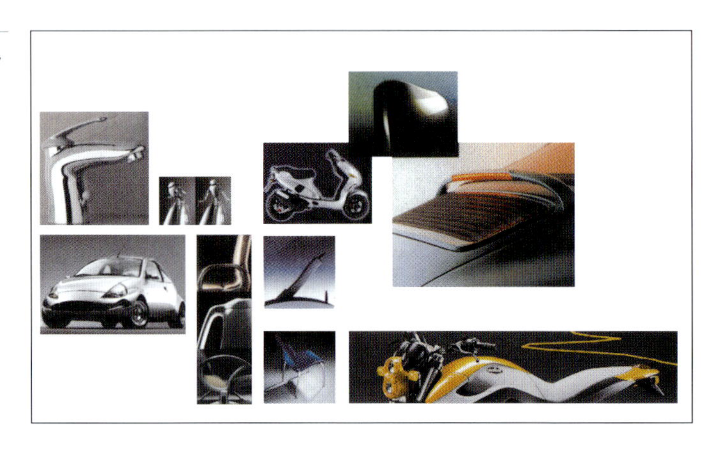

Stilprinzip-Collage «Robust»

Anschaulich wurden diese Parameter durch das so genannte «Leitprodukt»: Ohne je in der Serie realisiert zu werden, diente und dient es der Veranschaulichung, der Diskussion und der weiteren Präzisierung des Product Design.

Leitprodukt von 1994, Design P. Naumann, München, Konzept design.net/Peter Schmidt Group

Designerauswahl

Designqualität wird wesentlich als Indikator der Produktkultur eines Unternehmens erfasst. Produkte stehen neben rein funktionalen Kontexten auch in kommunikativen und symbolischen Zusammenhängen. Unternehmensadäquates Produktdesign ist in der Lage, weitreichende Themen zu visualisieren:

Kriterienkatalog zur Identifizierung externer Designpartner

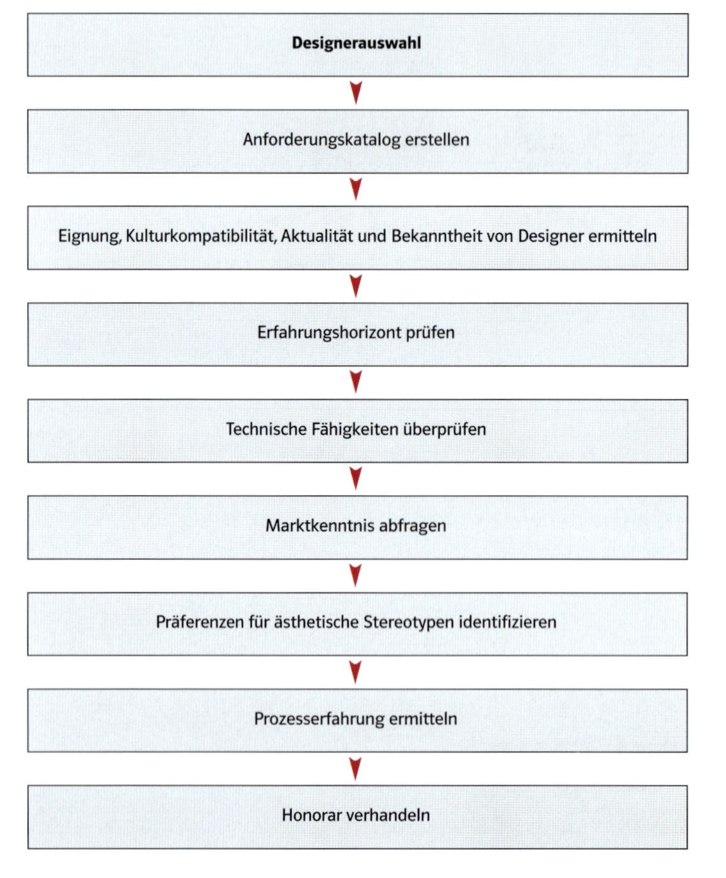

- strategische Dimensionen,
- Internationalität,
- Differenzierung vom Wettbewerb,
- Qualität,
- Spirit des Unternehmens.

Basis für den Findungsprozess einer derartigen Designqualität bildete die Auswahl eines perfekt zu Wöhner-Produkten passenden Designers.

Der Selektionsprozess wurde durch design.net/Peter Schmidt Group gesteuert.

Produktentwicklung

Die Formensprache der Wöhner-Produkte ergibt sich aus der Verbindung der gewählten Stilprinzipien «amorph» und «robust». Sie macht Aussagen sowohl zum Produktkörper als auch zu Details des Produkts. Der Produktkörper sollte massiv und dominant sein. Um jedoch eine gewisse Spannung zu erzeugen, sollte er auch amorphe Formen aufweisen. Details, welche ebenfalls amorphe Formen besitzen sollten, werden wie Schutzelemente in das Produkt integriert. Weiche Formübergänge sind zu vermeiden.

Zur Visualisierung der Formensprache und möglicher Details wurden virtuelle Beispiele theoretischer Formdetails abgebildet, als eine Art Metadesignkatalog aufgestellt.

Abbildung zentraler immer wiederkehrender Gestaltungselemente und deren modellhafte Festlegung

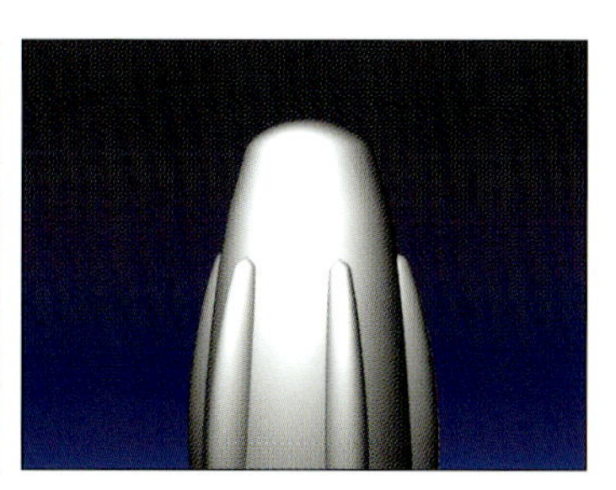

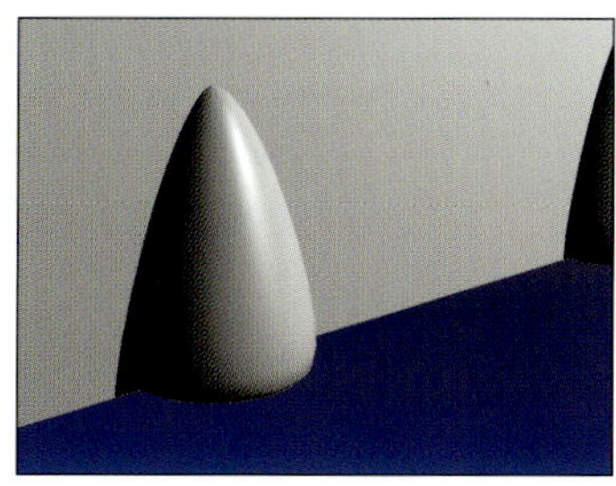

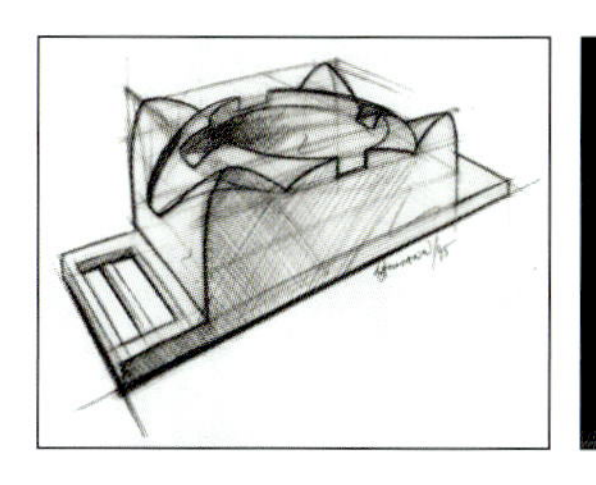

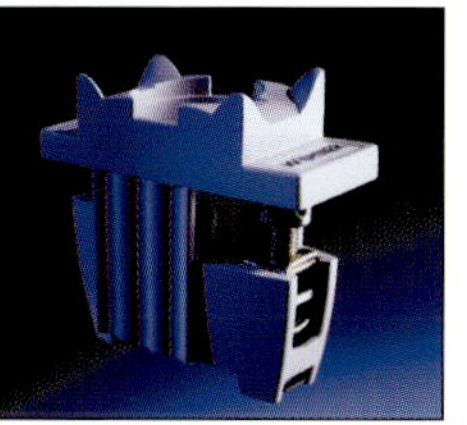

Von der Entwurfszeichnung zum fertigen Produkt

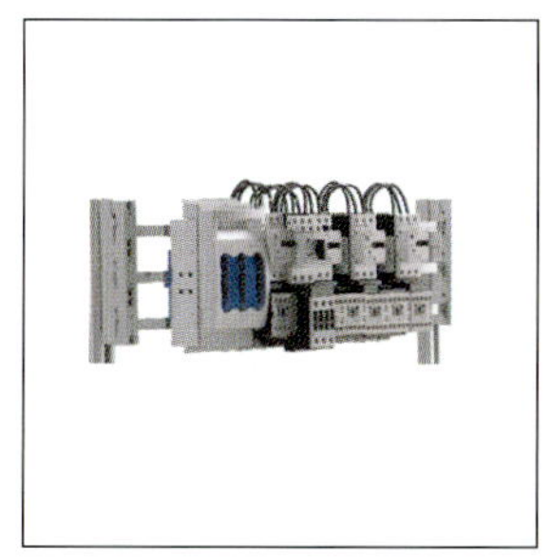

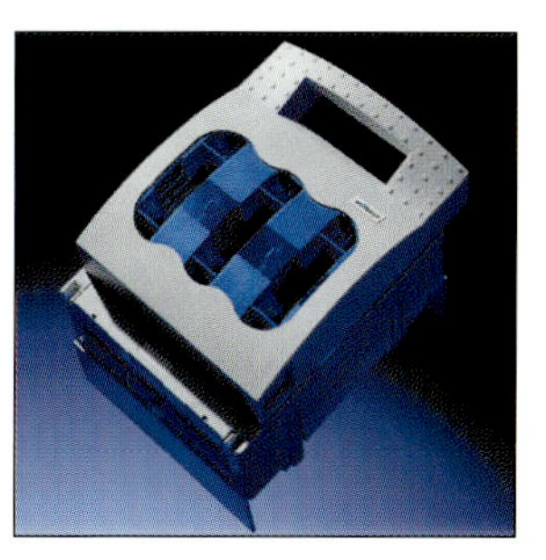

Beispiele erfolgreichen Produktdesigns seit 1994

Daraus abgeleitet entwickelt sich der jeweilige Entstehungsprozess des realen Produktdesigns.

Product Naming

Ein präzises, unterscheidungsstarkes Naming aller Produkte wird bei Wöhner als zentrales Element der Produktkommunikation gesehen.

Zur Entwicklung eines produktadäquaten Corporate Wording wurde folgende Projektentwicklung gestartet:

Schritt 1: Gesamtbetrachtung des Produktsortiments und bestehender Produktcodes.
Schritt 2: Analyse der Einflüsse von produktrelevanten Faktoren auf die Namensgebung (narrative Potenziale der Figur, Qualitätsstufe, Funktion, Technologie).
Schritt 3: Konzeptentwicklung für die gesamte bestehende Produktpalette.
Schritt 4: Entwicklung von Namen und internationale Prüfung.

40/60 mm EQUES Control System

Technischer Teil | Eigenname | Adjektiv | Substantiv

- technische Funktionserklärung plus lateinischer plus englischer Zusatz
- Bemühen um Selbsterklärung EQUES = Reiter
- assoziativ
- «abkürzungsgeeignet»: ECS = prägnant und eigendynamisch
- international geeignet
- Singularität und Abhebung vom Wettbewerb

Eine besondere Rolle spielt in diesem Konzept der Verwendungszusammenhang, in dem das Produkt steht. Der Umgang mit diesem und anderen Produkten folgt einer definierten Reihe von Produktkonfigurationen, um ebenso definiert technische Leistungen zu erbringen. Insofern spielt die «Anschlussfähigkeit» – bzw. der Solutions-Gedanke eine zentrale Rolle. Produktnamen dürfen keine kryptische Buchstaben- und Zahlenkombination sein, ebenso wenig wie fantasievolle Spitzenleistungen, sondern sollten ihren Einsatzort, ihre Funktion, ihre Stellung im System und die vor- und nachgelagerten Komponenten bestenfalls mitbeschreiben.

Wöhner hat hier mit der gefundenen Systematik eine im Wettbewerb bisher unbekannte Strukturleistung erbracht, die echten Nutzen für den Verbraucher erzeugt.

Entwicklung eines neuen Corporate Design

Natürlich wurden auch alle anderen «klassischen» Gestaltungselemente in die Entwicklung der Marke «Wöhner» einbezogen.

Im Folgenden werden die zentralen Elemente kurz vorgestellt:
- das Logo,
- der Claim,
- die Typografie und
- das Farbkonzept.

Das Logo

Zentrales Element des Logos ist die Unternehmensmarke Wöhner. Sie ist kennzeichnender Bestandteil des kommunikativen Auftritts und darf niemals fehlen. Der Schriftzug ist in «Thesis TheSans» gesetzt und wurde modifiziert.

Ursprüngliches Logo

Neues Logo

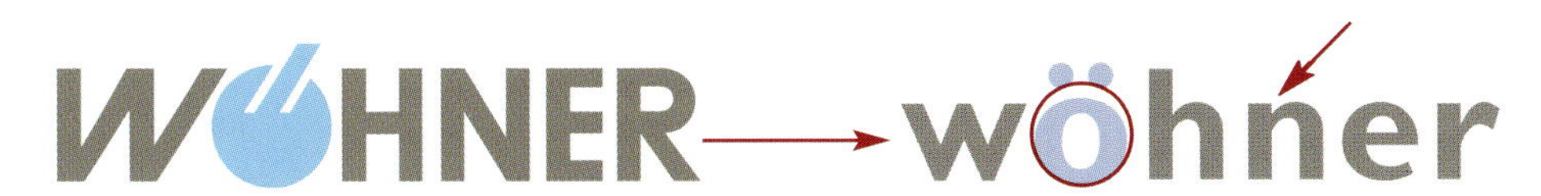

Veränderungsprozess

Der Claim

Der Claim «Alles mit Spannung» bildet den zweiten Teil des Logos. Er soll zum einen eine Brücke zur Branche «Niederspannungstechnik» schlagen und zum anderen auf die Unternehmensphilosophie verweisen, die die Bereitschaft erklärt, neue Wege zu beschreiten. Der Claim wird weltweit in deutscher Sprache eingesetzt.

ALLES MiT SPANNUNG

Die Typografie

Generell werden für Printmedien zwei Schriftfamilien verwendet: als Headline- und Sublineschrift «Keedy Sans Bold», für Texte «Swift SCEF».

PATENTiERTER RASTMECHANiSMUS

fixiert die Sammelschienenausführung im 60 mm-System sicher auf allen Schienenbreiten.

Die Farben

22 Farbtöne bilden eine außergewöhnliche Farbgebung, die den bisherigen Vorstellungsrahmen der Branche sprengt und die Innovation und visionäres Denken widerspiegelt. Das Wöhner-Farbsystem beruht auf Komplementärkontrasten; die Kombination der Farbtöne folgt dabei einer festen Gesetzmäßigkeit. Lineare Farbverläufe sind ein prägnantes Gestaltungsmittel. Die dabei entstehenden Übergänge rekrutieren sich aus dem Gedanken der «sichtbar gemachten elektrischen Spannung».

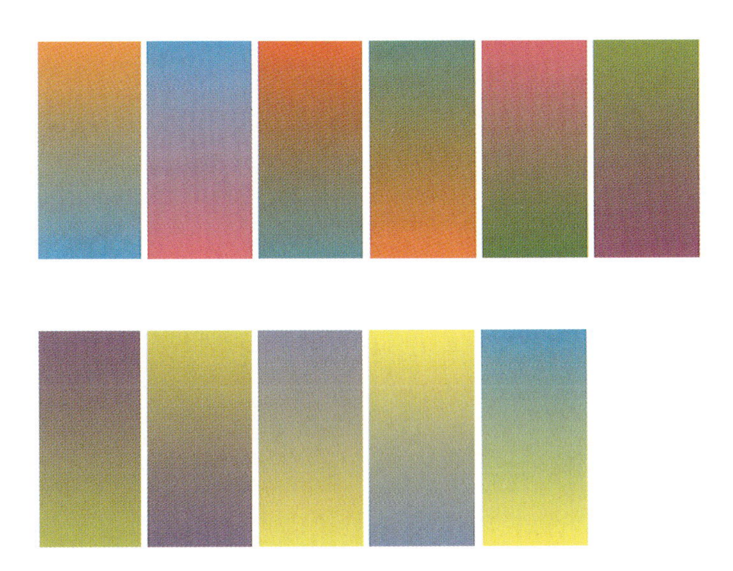

Erste Maßnahmen: Literatur

Das Produkthandbuch

Das Produkthandbuch ist eines der wichtigsten Kommunikationsmittel des Unternehmens Wöhner, da es alle Informationen über die Sammelschienen-Systeme und Einzelkomponenten beinhaltet. Es war das erste Printmedium, mit dem das Haus Wöhner den neuen Unternehmensauftritt der Öffentlichkeit präsentierte. Titel- und Rückseite erscheinen immer in einer von drei Farbkombinationen aus dem Komplementärkanon und wechseln von Jahr zu Jahr. Das Titeldesign soll die Themen «Globalisierung» und «Internationalisierung» widerspiegeln.

Der jeweilige Farbkontrast gibt auch für andere jährlich erscheinende Komponenten der Unternehmenskommunikation die gestalterische Vorgabe. Das abstrakte Bildmotiv wird jeweils neu gestaltet. Die Gestaltung des Produkthandbuchs erhielt 1995 eine besondere Auszeichnung beim Deutschen Preis für Kommunikationsdesign. Kunden äußerten ihre positiven Eindrücke u.a. in spontanen Zuschriften an Wöhner.

Erstes Produkthandbuch 1995

2001

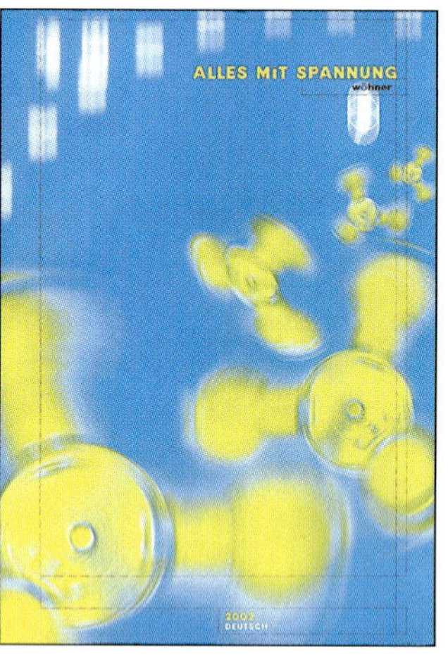

2002

2003

Broschüren

Die Produktinformation stellt ein einzelnes Produkt oder eine Produktgruppe detailliert vor. Die Neuheitenbroschüre dient dazu, verschiedene innovative Produkte, z. B. zur Messe, informativ und übersichtlich in den Markt einzuführen. Beide Medien stellen das Einzelprodukt in den Mittelpunkt. Ihr Erscheinungsbild ist daher gleich. Auf der Titelseite zeigt der Farbverlauf das Jahr des Erscheinens an. Das Produkt wird benannt, ein Detailausschnitt stimmt neugierig auf den Inhalt. Die Innenseiten beschreiben das Produkt in Worten und Zahlen und beinhalten möglichst viele verschieden groß angelegte Fotos, die das Produkt u.a. auch in Anwendung zeigen. Die Vorteile werden genauso benannt, als auch maßstabsgerechte Konstruktionszeichnungen dargestellt werden.

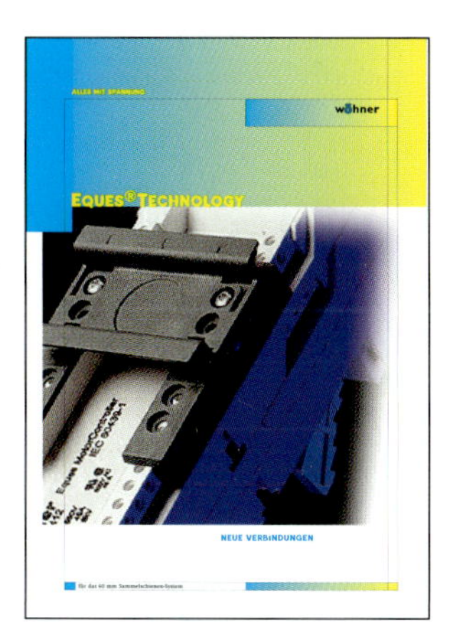

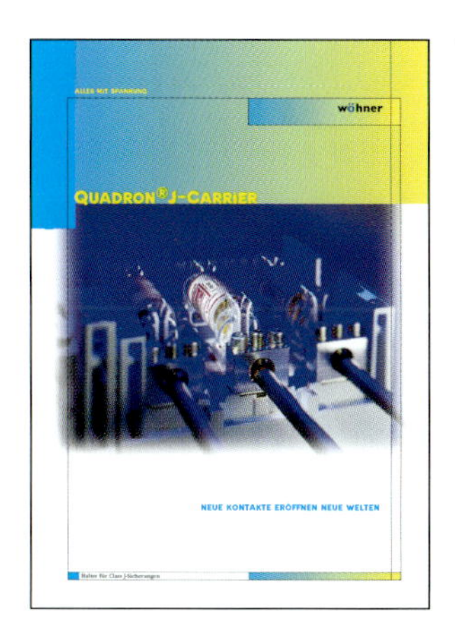

Broschürenbeispiele

Anzeigen

Die produktorientierte Anzeige stellt prägnant das jeweilige Produkt in den Vordergund. Der Farbverlauf im oberen Bereich entspricht der farblichen Vorgabe für das jeweilige Jahr.

Neue Produkte werden grundsätzlich nach den Vorgaben zu Bildstil auf grauem oder blauem Hintergrund fotografiert. Es gibt hierbei nüchternere oder imageorientiertere Darstellungsformen. Typisch für die Wöhner-Fotos ist immer der abgesoftete Rand.

Anzeigenbeispiele

Architektur: Der Messeauftritt

Bei der Gestaltung des Wöhner-Messestandes wurde eine anwendungsorientierte Produktpräsentation fokussiert. Die Messearchitektur aus Aluminium, Glas und Buchenholz bietet schon aus der Entfernung Einblicke in den Stand. Transparenz, technische Klarheit und ein perfektes Beleuchtungskonzept bieten ein adäquates Umfeld für das Thema «Elektrizität». Farbige Rahmen heben neue Produkte besonders hervor.

Der Wöhner-Messestand (Design Eckart + Barski, Frankfurt)

New Media

Internet

Ein weiterer wesentlicher Kommunikationskanal der Firma Wöhner ist das Internet. Als solcher hat der Internetauftritt spezifische Aufgaben zu erfüllen. Er vereint Unternehmensinformation (Historie, Philosophie und Visionen) mit Produktinformation (Produkte, Systeme, Neuheiten) und übernimmt Aufgaben aus dem PR-Bereich (Kontakt, Jobs, Downloads).

Wesentliche Gestaltungselemente aus dem Offline-Auftritt wurden internetgerecht aufbereitet und in das Medium übertragen. Flash-Animationen und konventionelles HTML verbinden Text, Grafik, Typografie und den Wöhner-typischen Farb- und Bildstil zu einer funktionalen Website, die sich als intregrierter Bestandteil des Corporate Design aufweist.

Homepage

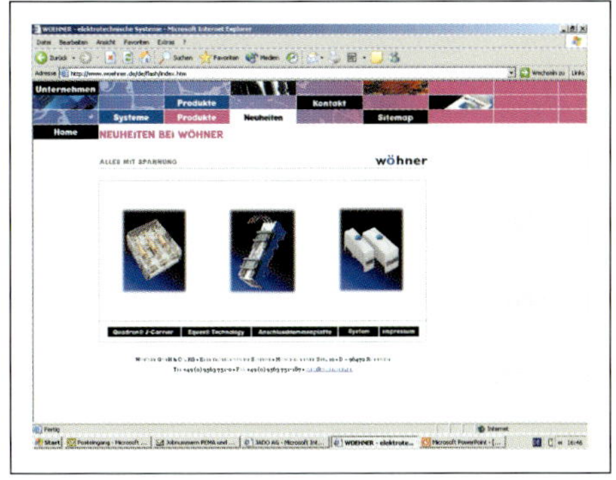

Contentpage

CD-ROM «Wökat»

Die jährlich neu erscheinende CD-ROM genannt «Wökat» beinhaltet u.a. den aktuellen Katalog sowie eine «Wöhner-Expedition» in die Historie des Unternehmens als Flash. Um der Internationalität des Unternehmens gerecht zu werden, ist die CD fünfsprachig angelegt (Deutsch, Englisch, Französisch, Italienisch und Spanisch).

Als «interaktives Produkhandbuch» orientieren sich die Wökat-CD, das CD-ROM-Booklet und der Aufdruck der CD stark an dem jeweiligen Bildmotiv und der Farbgebung des entsprechenden Produkthandbuchs. Auch die Gestaltung der einzelnen Screens der CD-ROM orientiert sich daran.

Booklet

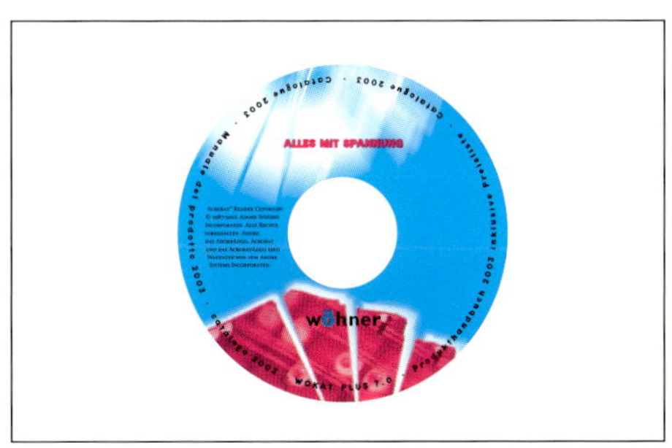

Aufdruck auf CD

Das Corporate-Design-Manual

Grafik-Design-Manual

Das klar definierte Profil aller kommunikativen Maßnahmen ist die Voraussetzung für ein unverwechselbares Erscheinungsbild.

Beständigkeit, Homogenität und Singularität im kommunikativen Auftritt garantieren eine starke Aufmerksamkeitswirkung und ein hohes Wiedererkennungspotenzial im Markt.

Zur Gewährleistung der stringenten Durchführung aller festgelegten Maßnahmen des Corporate Designs über Jahre hinweg wurden Gestaltungsrichtlinien für die zweidimensionalen Medien erarbeitet. Diese sind teilweise obligatorische Festlegungen und teilweise Empfehlungen.

Das Grafik Design Manual ist ein Hilfsmittel für Mitarbeiter von Wöhner als auch für kreative Agenturen und Vertriebspartner im In- und Ausland. Es wurde zweisprachig in Deutsch und Englisch erstellt. Dem Benutzer steht eine Art «Baukasten» mit allen Wöhner-typischen Elementen zur Verfügung und es werden Anwendungsbeispiele zu allen Kommunikationselementen gezeigt.

Product-Design-Manual

Der zweite Teil des Corporate-Design-Manuals unterstützt alle am Produktentwicklungsprozess beteiligten Personen und Abteilungen, besonders die Produktgestaltung. Operativer Benutzer des Manuals ist die Entwicklungsabteilung. Externe Nutzer können sein: Industriedesigner, Modellbauer, Designingenieure.

Das Corporate-Design-Manual (Grafik-Design + Product-Design)

Die konsequente Designorientierung im Haus Wöhner ist Ausdruck einer strategischen Ausrichtung und ein wichtiger Bestandteil der unverwechselbaren Identität, die in allen Produkten reflektiert werden soll.

Im Wöhner Product-Design-Manual sind sämtliche Parameter des Corporate Product Design zusammengestellt und in ihrer Anwendung erläutert. Das Manual muss sowohl für Re-Designs als auch für Neuentwicklungen herangezogen werden, denn es enthält die verbindlichen Richtlinien für die Gestaltung von Wöhner Produkten.

Permanente Überwachung

Da sich im täglichen Gebrauch mit einem Corporate Design erfahrungsgemäß oft ein gewisser «Wildwuchs» einschleicht, werden alle Maßnahmen in der Herstellung von Kommunikationsmitteln mittels permanentem CD-Controlling durch Peter Schmidt Group überwacht, um Veränderungen am CD im Vorfeld auszuschließen.

Jährliche Marktforschungen bieten die notwendige Erfolgskontrolle sowie Möglichkeiten zur Korrektur oder auch Ausprägung bestimmter Bereiche.

Der «Branchen-Monitor» z.B. ist ein jährlich durchzuführendes «Tracking» zu Bekanntheit und Image von Wöhner und den wichtigsten Anbietern im Markt für Sammelschienen-Systemtechnik. Erhoben werden u.a. die ungestützte Bekanntheit, die gestützte Bekanntheit, ein «Overall-Image» sowie einzelne Imagedimensionen wie Innovation und Lieferservice.

Befragt werden 300 Entscheider aus Maschinenbau, Elektroschalt-Anlagenbau und Steuer-Mess-Regeltechnik.

Ziel des «Branchen-Monitors» ist ein Controlling der strategischen Marketingziele auf Basis langfristiger Zeitreihen.

Fazit

- Das Unternehmen Wöhner hat durch die konsequente Vereinheitlichung von Kommunikationselementen und Product Design ein klares Profil gewonnen und hat heute einen deutlichen Wettbewerbsvorsprung erreicht.
- Die Branche beobachtet Wöhner genau – während Wöhner agiert, reagiert die Konkurrenz auf die gesetzten Impulse.
- Durch die erzielten Resultate erhält die Geschäftsleitung die Bestätigung für ihre Entscheidung und treibt weitere Themen und Inhalte voran.
- Neue Aufgaben in der Internationalisierung lassen sich auf Basis der erzielten Erfolge innerlich gestärkt angehen.

Wöhner ist ein Beispiel dafür, wie in einer Branche, die sich für «designresistent» hielt, die Kraft neuer Ideen ihren Weg fand und aus einem Nischenanbieter mit ungewisser Zukunft ein hochkompetitiver, internationaler Player wurde.

Der Herausgeber

Dr.-Ing. Alex Buck, Jahrgang 1961, ist Diplom-Designer (Hochschule für Gestaltung, Offenbach) und promovierte an der Universität Hannover zum Doktor-Ingenieur. 1992 Gründungspartner bei d...c brand + design consultants, dem auf strategische Produkt-, Design- und Markenplanung spezialisierten Beratungsunternehmen.

1994 bis 2000 Verleger des Verlag form und Herausgeber von form – Zeitschrift für Gestaltung, The European Design Magazine sowie Autor und Herausgeber einer Vielzahl von Artikeln und Büchern zum Thema Design und Wirtschaftswissenschaften und designorientierter Brandingstrategien. Neben seiner publizistischen Tätigkeit ist Dr. Alex Buck Mitglied diverser Jurys und hält Vorträge zu design- und wirtschaftsbezogenen Themen. 1998 bis 2000 Professor für Designtheorie und -strategie in München. 2000 bis 2002 CEO der design.net AG, seit 2002 Managing Partner der Peter Schmidt Holding Hamburg sowie der Peter Schmidt Group am Main.

Seit Anfang der 90er Jahre hat Dr. Alex Buck sowohl die Design Management Diskussion als auch deren Umsetzung in Unternehmenserfolge maßgeblich mitgeprägt. Als weitere Titel zum Thema sind von ihm erschienen:

Buck, A., Vogt, M. (1997): Design Management, Frankfurt Main
Buck, A. et al (1998): Handbuch Trend Management, Frankfurt Main
Buck, A. (1998): Dominanz der Oberfläche, Frankfurt Main
Buck, A. et al (1999): Markenästhetik 1999, Frankfurt Main
Buck, A. et al (2000): Markenästhetik 2000, Frankfurt Main